IMPRESSUM

1. Auflage, April 2015
ISBN 978-3-00-047771-3

Edition URLAUBSARCHITEKTUR
URLAUBSARCHITEKTUR, Bozener Strasse 6, 30519 Hannover

Projektleitung, Redaktion und Lektorat: Christiane Pfau
Gestaltung: Anja Wesner, München
Titelfoto: Refugi Lieptgas, Foto: © Ralph Feiner
Foto Rückseite: Myrzik und Jarisch, München

Druck: Kessler Druck, Bobingen

Die Deutsche Nationalbibliothek verzeichnet diese Publikation in der Deutschen Nationalbibliografie; detaillierte bibliografische Daten sind im Internet über http://dnb.d-nb.de abrufbar.

Wolfgang Bachmann

FREMDE ZIMMER

50 BLICKE AUF DIE SCHÖNSTE ZEIT IM JAHR

HERAUSGEBER: JAN HAMER
EDITION **URLAUBS**ARCHITEKTUR

INHALT

FERIEN SIND EINE HERAUSFORDERUNG

50 Blicke auf die schönste Zeit im Jahr: Das ist eine Ankündigung, die so leicht daherkommt. In Wirklichkeit lauern hier oft Untiefen. Wer in Urlaub fährt, ist von Haus aus ja schon ein Abenteurer – egal, ob er einen Dschungeltrip plant oder ein Ferienhaus in Oberbayern bezieht.

Gezielter Abstand von zu Hause ist eine Herausforderung für alle Beteiligten. Man bereitet sich meist eingehend darauf vor. Wer in Urlaub fahren will, sucht sich das geeignete Ziel aus, wählt eine Unterkunft, überlegt sich, wie man komfortabel und möglichst kostengünstig hinkommt. Je näher der Tag der Abreise rückt, desto größer wird die Aufregung: Wer gießt die Blumen? Wer leert den Briefkasten? Wer mit Familie reist, denkt nicht nur für sich, sondern für alle anderen. Kuscheltier? Schlafkissen? Zeckenspray? Verpflegung? Der Schritt nach draußen über die eigene Türschwelle ist oft der größte Moment in Richtung Ferien. Was danach kommt, lässt sich kaum mehr beeinflussen. Man liefert sich aus, zunächst dem Weg und dem Verkehrsmittel, so man nicht selbst lenken muss. Spannend wird es bei der Ankunft: Ist das das Hotel, das man bei vollem Verstand freiwillig gebucht hat? Und die Ferienwohnung sah auf den Fotos im Katalog auch ganz anders aus. Wenn man die ersten paar Tage der Akklimatisierung überlebt hat, hat man gute Chancen, jetzt in die Phase zu treten, die auch „die schönste Zeit im Jahr" genannt wird – inklusive aller Tücken.

Und dennoch ist Urlaub eine wunderbare, lustige und unverzichtbare Angelegenheit. Wolfgang Bachmann weiß, wovon er spricht. Nächstes Jahr kommen wir wieder!

Viel Vergnügen beim Lesen.

Jan Hamer & Christiane Pfau
Hannover / München, April 2015

1. AUTOFAHR'N

Urlaub war Autofahren. Die Familie stieg in den Opel Kapitän, Vater mit Hut ans Steuer, die Kinder hinten. Toll, wenn wir den Tachometer im Blick hatten und sahen, dass sich der Wagen mit Tempo 100 dem Urlaubsziel näherte – nach Hornisgrinde, Hahnenklee oder Überlingen. Nur Amischlitten mit Doppelscheinwerfern und Heckflossen haben uns überholt.

Später als Studenten mit eigenem Auto wurden die Touren für uns erst richtig spannend. Mutter machte sich Sorgen – nach Italien, so weit und über die Alpen? Denn man wusste nie, ob der fahrbare Untersatz durchhielt. Handys waren noch unbekannt, man schrieb nach der Ankunft eine Karte aus Cesenatico oder Torbole, die war eine Woche später schon da. Mit Pannen musste man immer rechnen. Herrlich, sie später ein wenig zugespitzt wiederzugeben: Wie wir am Gotthard liegen blieben, weil die ausgeliehenen Schneeketten nicht zur Reifengröße passten – ein Meter Schnee, ungelogen! Oder in Maastricht in finsterer Nacht bei einem Schleusenwärter eine Rohrzange borgten und mit Silberfolie und Draht die defekte Lichtmaschine flickten. Als ob Großvater aus Stalingrad erzählte.

Autofahren hatte den Hauch eines Abenteuers. Schon die Route zu finden, war eine Herausforderung. Es gab nur einen zerrissenen zehn Jahre alten Atlas, nix Navi, Verkehrsfunk, ADAC. Die Fahrt zum Mittelmeer orientierte sich an widersprüchlichen Empfehlungen und todsicheren Tipps. Logistik gehörte dazu, Etappenplanung, Taktik. Denn der

Reservekanister hatte den Luftmatratzen und Schlafsäcken Platz machen müssen. So wurden die Exkursionen zur Rallye, ein Kampf gegen Steigungen, Starkregen, beschlagene Scheiben, heiße Kühler und hubraumstarke Limousinen auf der Überholspur.

Das kennen wir schon seit langem nicht mehr. Als wir unser neues Auto vor einer längeren Urlaubsreise abholten, sagte der Händler: Falls irgendetwas nicht geht, es kann nur an der Elektronik liegen, sonst kann nichts passieren. Aber Sie haben ja eine Mobilitätsgarantie. Wir sind ganz schnell in Ihrer Nähe.

Die Kinder wurden in ihre überschlagsicheren Sitze geschnallt, verdrahtet und hörten Abenteuergeschichten. Autofahren war ja sooo langweilig.

ALL
YOU
CAN
EAT

2. ALL YOU CAN EAT

In den 1960er Jahren, als die Boulevardpresse die Wohngemeinschaften entdeckte und das Lasterleben der Kommunen ausforschte, wurde in den Hotels das Frühstücksbüfett erfunden. Es war die bürgerliche Variante der Hippie-Praxis „Nehm-sich-jeder-was-er-mag", wann er mag und mit wem er mag.

Daraus entwickelte der Kapitalismus sofort eine Marketingstrategie, die Einsparungen mit scheinbarem Überfluss verband: Sich im Hotel einfach alles unkontrolliert vom morgendlichen Gabentisch zu greifen, das hatte was. Vermutlich kam es sogar aus Amerika, dachten die Vertreter, die sich schlaftrunken den Teller mit Schrippen, Marmelade, Rührei und Aufschnitt vollschaufelten. Zunächst waren die Herbergen noch gar nicht dafür eingerichtet. Ein Tisch mit Hängeschürze („Skirting") wurde an die Seite gestellt, darauf die eingeschweißten Portionspackungen neben die ausgebreiteten Wurströll- und Käseeckchen.

Kaffee gab es aus der Isolierkanne. Manchmal kam ein Obstsalat aus grünen Apfelschnitzen und Melonenwürfeln dazu, damit ließ sich billig Masse herstellen. In einfachen Garni-Häusern wird das noch heute so praktiziert.

Bessere Hotels übertrafen sich bald mit unbezahlbaren Angeboten aus dem Katalog des Luxus und der Moden. Was sich Menschen jemals als „petit déjeuner" ausgedacht haben, in der Fünf-Sterne-Kategorie steht es obligatorisch auf dem Tresen. Dort narrt man die Gäste mit dem Spiel: Das hätten sie nicht erwartet, dass wir an rechtsdrehendes Birchermüsli, Aal grün, Pfannkuchen, Sushi-Tapas und Prinzregententorte gedacht haben! Natürlich bezahlt man das alles, auch wenn man sich nur einen Hagebuttentee einschenkt, weil die aufgebahrten Köstlichkeiten statt zurück in die Küche in den Container wandern.

Für die Gäste ist das Einsammeln der Nahrung ein lästiger Parcours, man sucht einen Weg, ohne andere mit seinem vollen Teller anzustoßen, wechselt vom Saft zur Joghurttruhe, kreuzt die Heringspassage und nimmt am Brotkorb Aufstellung, während sich der Nachbar über den Aufschnitt beugt und die Flügeltore seines Zweireihers durch die Frischkäsezubereitung streifen. Und wenn man seinen Platz wieder gefunden hat, ist er bereits abgeräumt.

Kürzlich übernachtete ich in einem kleinen Hotel beim Aachener Dom. Da sollte man an einem hübsch gedeckten Frühstückstisch Platz nehmen und sich einfach was bestellen. Mir fiel gar nichts mehr ein.

3. LANDLIEBE

Meine Eltern besaßen ein Ferienhaus, es stand mutterseelenallein auf einem Wiesenhang am Waldrand. Diese Immobilie war der Grund, dass wir fast nie in die Ferien fuhren. Wir hatten ja das Ferienhaus. Wenn wir dort waren, wurde gearbeitet. Mein Vater ging mit gutem Vorbild voran. Er rodete, jätete, fällte Bäume, hackte Holz, mauerte, zimmerte, lackierte. Ich durfte zunächst noch Baumhäuser bauen, Löcher graben, Bach stauen, Feuerchen machen, bevor ich bei den Arbeitseinsätzen vollwertig mitwirken konnte. In der schönsten Pubertät ging es mir mächtig auf den Keks, das Ferienhaus.

Aber mein Vater wollte die Perfektion, er hatte der Natur den Kampf angesagt, besorgte sich die schärfsten Unkrautvernichtungsmittel und die erfolgreichsten Kraftdünger der chemischen Industrie. Diese Kombi bekam dem Gartengrundstück schlecht. Es sah aus, als hätten die Amis Agent Orange getestet. Und es war eine Offensive gegen Windmühlen, mitten in der Pampa einen Stadtgarten anzulegen, wenn die Unkräuter ringsum nur darauf warteten, bis sie sich nach unserer Abreise wieder ungeniert ausbreiten konnten. Andererseits brauchte man auf die Umgebung keine Rücksicht nehmen. Alles was in Küche, Keller und Badezimmer übrig blieb, wurde einfach über den Zaun geworfen, wo dann Müll, Asche und Gartenabfälle im Gestrüpp verschwanden. Das waren die fünfziger Jahre.

Zwanzig Jahre später übernahmen meine Frau und ich das Haus. Alternativ. Wir wollten es mit der Natur versöhnen, pflanzten Bäume, mähten das hohe Gras mit der Sense, freuten uns an vergrauten Fensterläden und dem Efeu, das bis aufs Dach wucherte. Wir trennten die Wertstoffe von den Abfällen und entsorgten den Restmüll auf Autobahnraststätten. Es war ein wunderbarer Gegensatz zu unserem Berliner Stadtleben.

Später durfte ich mit unseren Kindern Baumhäuser bauen, Löcher graben, Bach stauen, Feuerchen machen. Bis ihnen in der schönsten Pubertät das Ferienhaus mächtig auf den Keks ging. Da haben wir es verkauft. Jetzt haben wir zwei Enkel und würden mit ihnen gerne Baumhäuser bauen, Löcher graben...

4. DER KÜCHENBULLE

Zum Urlaub gehört es, gewohnte Rollen zu verlassen, etwas auszuprobieren, anders zu machen. Auch in der Familie. Ein Beispiel für dieses therapeutische Bäumchenwechsle-dich-Spiel ist es, mit anzupacken und der Gattin oder Mutter bei der Hausarbeit zu helfen. Auf diese Idee kam mein Vater gönnerhaft und regelmäßig.

Dies mochte etwas heißen, denn man kannte ihn vor allem als Chef des Hauses, der alles wusste, bestimmte, erledigte. Wenn er sich abends in seinem Fernsehsessel in die Ruheposition kippte, saß meine Mutter auf der Stuhlkante, um ihn stillschweigend mit allem zu versorgen – Zeitung, Bier, Schokolade –, bevor er seine Wünsche äußern musste.

Nun hatte er sich eine Küchenschürze umgebunden, sie hing wie ein Lätzchen vor seinem passablen Bauch, und wahrscheinlich betrachtete er dieses Habit als sichtbares Zeichen seiner freiwilligen Erniedrigung. Vater hatte Humor, durchaus. Wenn er sich dann in der Küche dem Abwasch widmete, huschte meine Mutter umsichtig neben ihm herum, um ihn rechtzeitig mit benutztem Geschirr zu versorgen und gespültes wegzuräumen. Es hatte den Anschein, als müsse sie sich dabei einer Hauswirtschaftsprüfung unterziehen. Denn natürlich nahm mein Vater den Abwasch generalstabsmäßig in Angriff, er demonstrierte, wie man das lächerliche bisschen Arbeit sinnvoll erledigte, obwohl das, wie er uns spüren ließ, ü-b-e-r-h-a-u-p-t nicht seine Aufgabe war. Er verbrauchte Wasser, als würde er sein Auto waschen, imprägnierte mit dem fettigen Lappen auch gleich Tische und Bänke, wischte dann über die Pfannen, Gläser, Tassen und schäumte herrlich mit Spülmittel, während er meine Mutter beiläufig mit knappen logistischen Anweisungen instruierte.

Schließlich war alles gespült, Vater verließ als Kapitän die schwimmende Kombüse, auf See ungeschlagen. Meine Mutter befreite ihn von der peinlichen Schürze, musterte ihn und sagte: Ach, deine Hose geben wir nach dem Urlaub gleich in die Reinigung.

5. LEINEN LOS!

Frank, einer meiner entfernteren Schulfreunde, besaß ein Segelboot. Es war ein behäbiger Jollenkreuzer, eigentlich mehr eine schwimmende Datsche, aber natürlich sagte man es dem stolzen Seemann nicht. Er hatte, während er auf einen Studienplatz wartete, vier Jahre bei der Marine zugebracht, und das Seemännische überkam ihn, sobald er sich seinem Boot näherte.

Leider lag es nur am Bodensee, aber immerhin hieß das Revier ja auch „Schwäbisches Meer“. Wenn man ihn dort urlaubshalber besuchte, bekam man jedesmal zu hören, dass sich die anderen Bootseigner leider völlig unschiffig verhielten, da sei kein Zuch dahinter, es fehlte nur, dass er „bei den Zivilisten“ sagte. Auf seinem eigenen Boot mit dem sinnigen Namen Albatros ging es dagegen zu wie bei einer Wehrübung. Alle Leinen lagen aufgeschossen an ihrem Platz, das Deck war geschrubbt, die polierten Messingbeschläge glänzten, als wollte er das Schiffchen verkaufen. Die winzige vor Bootslack spiegelnde Koje war mit rot karierten Vorhängen und Kunstlederpolstern ausgestattet, Licht kam aus batterieversorgten Petroliumfunzeln. Es roch nach Putzmittel. Man musste sich aber hüten, irgendetwas zu kommentieren, wenn man mit der seemännischen Bezeichnung nicht vertraut war. Sonst belehrte einen Frank geduldig oder strafte mit Verachtung.

Die Törns mit ihm waren ausnahmslos anstrengend, er schrie vorschriftsmäßig Befehle und forderte deutliche Antworten, denn das sei im Gefahrenfall überlebenswichtig. Deshalb wurden bei jedem Ausflug Mann-über-Bord-Manöver geübt, auch Ruderbruch und Auflaufen auf eine Sandbank. Am Bodensee.

Oberpeinlich war es, wenn man sich einem Steg näherte und Manöver nach seiner Anweisung ausführen musste. Wenn dann kein Festmacher mit Palstek parat lag oder man beim Leinewerfen den Poller verfehlte... Dann stand Skipper Frank stocksteif an seiner Pinne, jeder Zoll ein verzweifelter Bootseigner. Im Hafen von Meersburg wäre er aber vor Scham fast abgesoffen. Da fragte ihn vom Deck eines endlos langen Schärenkreuzers eine braungebrannte Blondine mit noch längeren Beinen: „Isch des e Leihboot?"

6. FREMDE ZIMMER

Wer eine Ferienwohnung anbietet, geht bei der Ausstattung von seinem eigenen Geschmack und seinen Möglichkeiten aus und überlegt nicht, was dem Gast gefallen, sondern was man sparen könnte. Schließlich handelt es sich nur um eine Ferienwohnung, die Urlauber kommen doch zum Surfen, Biken oder Skifahren.

Erfahrene, kulturbeflissene Mieter einer Ferienwohnung ahnen, was auf sie zukommt. Sie planen ihren Urlaub immer zwei Tage länger, weil sie bei der Ankunft erst die Bilder entfernen, die Vorhänge abnehmen und die Möbel umstellen – und vor der Abreise alles wieder rekonstruieren müssen. Hilfreich ist es deshalb, mit dem Handy den Originalzustand zu fotografieren. Wer regelmäßig in so einem Gelegenheitsquartier wohnt, weiß, dass er mehr mitnehmen muss als zum Zelten. Denn Ferienwohnungen zeichnen sich durch Substandard aus, sonst wären es ja richtige Behausungen, die zum dauerhaften Aufenthalt von Menschen bestimmt sind.

Neben der Grundausrüstung für Küche und Badezimmer sollte man sich also ein Radio mitnehmen. Zwar gibt es inzwischen überall Fernsehgeräte mit Satelliten-Empfang, aber der Urlaub wird nicht reichen, um die rätselhaften Fernbedienungen sicher zu handhaben. Auch Leselicht fehlt immer, deshalb lohnt es, zwei kleine Stehlampen einzupacken. Eigene Matratzen wären zu aufwändig, aber seine Tempurkeile und das Kirschkernsäckchen möchte man nicht missen. Natürlich gehören ins Gepäck Sonnenschirm, Yogamatte, Personenwaage, Wäscheständer, Bügelbrett, Dampfgarer, Spätzlepresse, gusseiserne Teekanne, ein Satz scharfer Messer, ferner Rohrzange, Klappspaten, Bohrmaschine – man kann es nicht oft genug sagen.

Die Prospektprosa hat man längst durchschaut. „Verkehrsgünstig gelegen" heißt: Es ist irre laut. Unsere letzte Wohnung wurde mit „gemütlichem Kamin" angepriesen. Es stellte sich heraus, dass das Haus keine Heizung hatte. Mit der offenen Feuerstelle sollte man die Raumtemperaturen über der Frostgrenze halten. Also gingen wir täglich zum Holzsammeln in den Wald, was eine willkommene Abwechslung in das Wanderprogramm brachte. Aber eine Motorsäge wäre nicht schlecht gewesen.

7. ANSICHTSSACHE

Aus dem Urlaub schickt man eine Ansichtskarte. Wir hoffen, dass diese Kulturbotschaften nach der Einführung des Smartphones nicht verloren gehen werden. Ansichtskarten sind konfektionierte Zieleinlaufbestätigungen, denen man eine halböffentliche Nachricht anvertraut. Man schickte sie (früher) an die besorgten Eltern, um das gesunde Ankommen zu bestätigen, heute (immer noch) obligatorisch den Kollegen für die Pinnwand im Büro und dann an Freunde und Bekannte, um sie mit dem exotischen Reiseziel zu beeindrucken. Zu manchen Verwandten, die man sonst nur bei Hochzeiten und Beerdigungen trifft, ist es der einzige Kontakt übers Jahr.

Auf jeden Fall schreibt niemand gerne eine Ansichtskarte. Es ist lästig. Manche Leute adressieren und frankieren ihre Karten deshalb am ersten Urlaubstag, weil dann scheinbar schon viel erledigt ist, und ergänzen souverän die Grußformeln, wenn sie nachts aus der Strandbar kommen. Andere berichten brav wie vom Schulausflug oder wiederholen, was ohnehin schon auf der Vorderseite steht (Herzliche Grüße aus dem Ostseebad Ückeritz!). Auch Originelles erreicht die Zuhausegebliebenen immer wieder, meist von Reisegruppen, die den Karton rundum mit bunten Filzschreibern signieren.

Das größte Problem mit Ansichtskarten haben Intellektuelle, Publizisten, Philosophen, die täglich seitenweise unser Dasein und Sosein reflektieren. Es ist nicht nur die höhere Erwartung, die der Empfänger mit der Botschaft eines Homme de lettres verbindet, es ist auch die Furcht, dass der knappe Gruß der Nachwelt erhalten bleiben könnte und in einer Anthologie erscheint. Dann würden alle lesen: „Liebe Mutti, viele Grüße von unserem philosophischen Kolloquium in Wernigerode. Das Essen ist reichhaltig und gut, ich teile mir ein Zimmer mit Rüdiger (Safranski, du kennst ihn ja). Gut, dass ich meinen eigenen Bademantel dabei habe. Nochmals herzliche Grüße, dein Peter."

Nein, damit möchte Sloterdijk nicht in die Annalen eingehen.

8. VOLL GEPACKT

Lästig ist es, sich vor der Abreise in den Urlaub zu entscheiden, was man alles mitnehmen muss. Man kennt die Umgebung nicht, und zum Käptens-Dinner kann man nicht im Pullover kommen. Also packt man lieber eine Hose und ein paar Schuhe mehr ein.

Die Kunst des Verstauens will gelernt sein, damit alles möglichst unzerknittert am Reiseziel ankommt. Vor einigen Jahren wurden dazu Koffer benutzt. Legendär sind die Schrankbehälter, mit denen sich der Hochadel, wenn er zur Sommerfrische nach Ischl oder Gastein fuhr, seine

Kledasche vom dienstbaren Personal transportieren ließ – nachdem die Möbel schon vorausgeschickt waren. Aber das ist eher ein historischer Aperçu, der Bürger besaß einen Kofferkasten mit Griff. Er war aus wasserfester Pappe, manchmal mit Verstärkungsleisten hergestellt, vornehmer war ein Modell aus Leder. Gemeinsam war diesen Koffern, dass man sie nicht tragen konnte. Sie waren kantig, schwer und nicht dafür vorgesehen, von Laien befördert zu werden. Wer sein Handgepäck pflegen wollte, knöpfte es in einen Schonbezug, das sah dann ziemlich peinlich aus, wenn man die Tante vom Bahnhof abholen musste. Das Markl für den Dienstmann mit der grünen Schürze opferte man nur in größter Not. Und bei der Vorfahrt am Hotel hinkte ein gebrechlicher alter Mann heran, dem man mit schlechtem Gewissen den Kofferraum öffnete.

Dies ist nun auch schon wieder Geschichte. Wer heute verreist, befindet sich nicht auf der Flucht mit behelfsmäßigen Transportbehältern. Die Angebote an lautlos rollbaren, funktional und ergonomisch entwickelten Reisebegleitern sind endlos. Selbst die Trolleys in Größe eines Tabakbeutels sind mit Teflon-gelagerten Walzen ausgestattet. Es ist nur eine Frage der Zeit, bis der Elektroantrieb Standard wird. Wenn man am Flughafen an der Gepäckausgabe steht, kann man das konkurrierende Gegeneinander von schlagfesten, hochglänzenden, popfarbenen, mattschwarzen, alusilbernen Designer-Schalen vergleichen. So bleibt man auch nach der Ankunft nicht unbeobachtet. Eine Alternative wären Rucksäcke, aber da fragt man jetzt besser einen Orthopäden.

9. HAUSHÄLTERISCH

Wenn meine Eltern in Urlaub fuhren, und sei es nur übers Wochenende in ihr Ferienhaus, stellte sich ein bestimmtes Abreiseritual ein. Meine Mutter räumte bereits seit Stunden alles zusammen. Mein Vater schlüpfte nur in seinen Mantel, setzte den Hut auf und ging zum Auto. Dort stellte er sich rauchend hin, schließlich stieg er mit leisen Anzeichen von Ungeduld ein, fuhr aus der Garage und wartete mit laufendem Motor.

Ich saß auf der Rückbank und sah, wie mein Vater den Kopf schüttelte. Was macht diese Frau bloß? wunderte er sich. Dann kam meine Mutter mit Taschen, Körben, Beuteln bepackt, wies auf Kartons und Töpfe, die noch zu holen seien, auf Decken, Besen, Gartengeräte, Netze mit Gemüse, Terrinen mit Suppe, volle Kuchenbleche, leere Kannen. Mein Vater sah sich das alles an und erinnerte, dass wir nur über das Wochenende wegfahren würden. Dieser Punkt blieb indes strittig zwischen ihnen.

Wir fuhren los. Mein Vater stellte nun Nachforschungen an, fragte, warum der grüne Topf mit musste, um gegen den blauen getauscht zu werden. Meine Mutter konnte das unwiderlegbar erklären. Bei ihrem Disput trafen weltanschauliche Überzeugungen in einer Grundsätzlichkeit aufeinander, wegen denen an anderen Orten Kriege geführt werden. Mein Vater betrachtete das Thema nämlich vom Standpunkt der Planung, wofür er Frauen von vornherein für ungeeignet hielt. Meine Mutter legte einen flexiblen hausfraulichen Maßstab an und erinnerte an die halbe Roulade, die man doch nicht habe wegwerfen können. Außerdem seien Champignons gerade im Angebot gewesen. Hierauf ereiferte sich mein Vater über die mögliche Giftigkeit von Pilzgerichten, weshalb man wegen ihm keine Champignons hätte kaufen müssen. Es sei geradewegs ein Leichtsinn! Um seinen Worten Nachdruck zu verleihen, fuhr er die nächsten Kilometer besonders ruppig, also wollte er damit das Gemüse ungenießbar im Kofferraum verteilen. So verging die Zeit für uns Kinder auf der Rückbank wie im Flug.

Später, als alle das Abendbrot mit dem unbezahlbaren Blick in den Wald genossen, sorgte mein Vater für einen würdigen Abschluss des Disputs. „Deine Roulade“, sagte er zu meiner Mutter, während er sich die letzten Fasern Rindfleisch aus den Zähnen stocherte, „die macht dir so leicht keiner nach.“

10. KINDERVERSCHICKUNG

Es gab früher eine Strafe für Kinder, die schlechte Esser waren: Sie wurden in ein Kinderheim mit einem so genannten Reizklima verschickt.

Nach dem Krieg galten schlechte Esser als Schicksalsschlag, vergleichbar Kindern mit angeborenen Behinderungen, Missbildungen oder Geisteskrankheiten. Eltern und Großeltern examinierten so ein störrische Kind, erzählten in leuchtenden Farben, was sie alles durchgemacht hatten, erinnerten an Hungersnöte und Teuerung, und vor allem daran, dass nur die Starken eine Chance zum Leben bekommen, während die anderen krepierten. Das war drastisch in der Formulierung, manchmal sagte man sogar „verreckten" – Krieg war eben kein Spaß.

Doch das obstinate Kind wollte nicht essen. Es zeigte sich uneinsichtig und undankbar, als mochte es mit seinem antizyklischen Wirtschaftswunderverhalten seine Eltern ärgern. Da Schläge nichts fruchteten und man sie schweren Herzens auch als unzeitgemäßes Erziehungsmittel akzeptierte – ohne allerdings eine Alternative zu kennen –, ging man mit dem Kind zum Arzt und ließ ihm eine Kur verschreiben. Nach Bad Dürrheim. Dort gab es ein von Nonnen geleitetes Kinderheim, in das bereits vor dem Krieg irgendwelche Verwandten zur erfolgreichen Reichsnährmästung geschickt worden waren.

Man lieferte das Kind ab, das tapfer und verlegen ein Mehrbettzimmer bezog. Die Frolleins ohne Schwesterntracht gefielen ihm besser, sonst gefiel ihm nichts. Es war sofort krank vor Heimweh, wollte mit niemandem spielen, weder inhalieren, mittags schlafen noch massiert werden, weder Lieder singen, noch im Kurpark spazieren. Und Nudeln mit Soße fand es einfach eklig. So vergingen die Wochen, das Kind nahm nicht zu, es saß immer im Schatten und wartete auf das Ende der Kur. Außerdem verliebte es sich in ein zwanzig Jahre älteres Frollein, das ihm mit verheulten Augen Gutenachtgeschichten vorlas. Schließlich wurde das Kind von seinen Eltern wieder abgeholt.

„Das ist ein ganz Braver", rapportierte die Schwester, „der hat uns gar keine Arbeit gemacht." Das Kind strahlte. Hatte keiner gemerkt, dass er seinen halbvollen Teller immer dem dicken Seppi weitergereicht hatte.

11. ANGEKOMMEN

Spannend ist immer der Vergleich zwischen dem ersten und letzten Urlaubstag. Wenn man nach ein- oder sogar zweitägiger Autofahrt erschöpft sein Ziel erreicht, stellt man sich jedes Mal die Grundsatzfrage, ob man sich das habe antun müssen. Verstärkend kommt hinzu, dass vielleicht der Vermieter nicht da ist, das heiße Wasser in der Wohnung nicht funktioniert und die Ausstattung der Urlaubsküche wie eine Zumutung erscheint. „Hier koche wer will“, stellt dann meine Frau kategorisch fest, „ich nicht! Wir sind doch keine Studenten.“ Was auch immer diese Bemerkung bedeuten soll, denn prinzipiell hat sie gar nichts gegen den akademischen Nachwuchs und seine Ernährung.

In solchen Fällen beschließt man, sich bei einem gemeinsamen Abendessen erst mal zu akklimatisieren. Nun könnte es sein, dass gerade zufällig ein Dauernieselregen eingesetzt hat, dass man sich außerdem in so einem ausnehmend hübschen Ort wie Westerland aufhält und am späten Abend auch kein offenes Lokal mehr findet. Schließlich wird man von einer bayrischen Bierkneipe aufgenommen, der Wirt bietet entgegenkommend noch einen warmen Leberkäs an. Wenn ich dann sage: „Ich wollte nicht an die Nordsee!“ hilft das der Stimmung überhaupt nicht weiter. In solchen Fällen bleiben wir meistens sitzen und trinken sehr viel Bier. Die Einrichtung des Lokals, die Fußgängerzone, die Geschäfte mit den Reiseandenken und vor allem die Holländer, die mit bunten Öljacken und Schirmen draußen entlang spazieren, werden ausführlich für ihren schlechten Geschmack gegeißelt. Dann trinken wir noch mehr Bier

und finden schließlich in unsere Ferienwohnung zurück. Das heiße Wasser läuft jetzt, der Vermieter hat einen Waschkorb, randvoll mit Geschirr, in der Küche abgestellt. Na, geht doch. Wir legen uns rücklings auf den Teppichboden und betrachten die riesigen Tapetenblumen, bis sie zu rotieren beginnen. „So fängt Urlaub immer an", sage ich.

Wenn wir uns später von diesen ersten Abenden erzählen, kommen sie uns wie unvergleichliche Höhepunkte in Erinnerung. Vielleicht, weil der ganze Urlaub noch vor einem lag.

12. KLEIDERORDNUNG

Die Auswahl, was man im Urlaub anziehen muss, ist unübersichtlich geworden. Es hängt von vielen Details ab, eben davon, was man genau unternehmen will. Der Einfachheit halber gibt es dafür englische Bezeichnungen, die wieder unter einem Oberbegriff subsumiert werden. So kennt man sich schnell aus, wenn man zum Beispiel einen Strandurlaub plant, passen alle Aktivitäten ins Begriffsfeld „Beachen“. Damit sind den Verkäufern eindeutige Hinweise gegeben, dass sie keine Schlittschuhe anzubieten brauchen. Die Zeiten, in denen man mit seinem Schulanorak Segeln, Skilaufen und Wandern konnte, sind unwiderruflich vorbei. Vermutlich gibt es – ähnlich wie für Winterreifen – bereits eine Verordnung, und mit Kleidung ohne professionelle Ausstattung macht man sich strafbar. Mir ist es bereits im Laden peinlich, wenn ich den verkaufsgeschulten Beratern nicht eindeutig sagen kann, wozu ich eine neue Joppe brauche: Wirklich nur Walking, kein Trekking, mit Tendenz zum Climbing? Aha.

Wie einfach war das noch, als ich mit meinen Eltern in unser Ferienhaus gefahren bin. Es lag völlig versteckt im Wald, das bedeutete, dass uns niemand sehen würde und wir deshalb auf Kleidung keine Rücksicht nehmen mussten. Also wurden alle abgetragenen Anziehsachen dorthin geschafft: Schuhe mit schiefen Absätzen, verfilzte Pullover, speckige Schneideranzüge. Von Komfort und Performance konnte keine Rede sein. Vater grub in seinem alten Zweireiher, mit dem er noch vor kurzem an der Vorstandsitzung teilgenommen hatte, die Beete um. Das fehlende Gefühl für Freizeitkleidung führte allerdings dazu, dass er versehentlich immer wieder lehmverschmiert mit einem neuen Anzug durch den Garten krauchte. Das löste regelmäßig kulturelle Grundsatzdiskussionen zwischen meinen Eltern aus.

Im Prinzip war es so, dass in dem Ferienhaus ein endloser Fundus an abgetragener Kleidung verwahrt wurde. So konnte man auch Freunden und Bekannten aushelfen, wenn sie uns für eine gemeinsame Wanderung besuchten. Wichtig war, dass wir alle unsere Ausweise dabei hatten, falls uns im Wald etwas zustoßen würde. Man hätte uns sonst für Flüchtlinge aus der Zone gehalten.

13. SEEGANG

Vor Gericht und auf hoher See gelten andere Regeln, heißt es. Diese Warnung hat Ihren Schrecken weitgehend verloren, jedenfalls was Schiffsreisen betrifft. Doch der Reihe nach.

Als sich vor etwa hundert Jahren die Architekten zur Moderne bekannten, verbanden sie damit die Vision einer neuen Gesellschaft. Dass ihre Häuser helfen würden, einen gerechten Sozialismus einzuführen, um allen gleiche

Chancen und gleiches Glück zu bieten, haben die avantgardistischen Baukünstler nicht wirklich erwartet. Ihre rationelle Architektur sollte nur die gleichartigen Gehäuse liefern, die nicht das Individuum mit herrschaftlichen Schmuckformen auszeichneten, sondern breiten Schichten der Gesellschaft eine Behausung boten. Als einziges Ornament verständigte man sich – vom Fortschritt der Mobilität fasziniert – auf das Dampfermotiv. Häuser wie weiße schwimmende Schiffe! Mit gläsernen Kommandobrücken, mit Bulllaugen, Kaminen, Masten, Stegen, Sonnensegeln sollte der Aufbruch der Gesellschaft Gestalt annehmen. Aber schon kurze Zeit später zeigte sich der Symbolverfall, dass sich maritime Metaphern nicht ungestraft translozieren lassen. Der Dampfer hatte ausgedient und hinterließ nur originelle Bauschäden.

Tatsächlich kehrte sich das Bild aber nur um. Denn nun übernahm die Seefahrt die Ästhetik des Mietwohnungsbaus. Als ging es um den wasserdichten Gegenbeweis, werden heute Kreuzfahrtschiffe gebaut, deren turmhohe Bordwände wie Hausfassaden aussehen. Gestapelt wie bei einem Containerfrachter, gleichen die schwimmfähigen Wohnsilos herumtreibenden Stadtteilen. Auch die urbane Infrastruktur ist mit an Bord: Tennisplätze, Schwimmbäder, Läden, Restaurants, Diskotheken und veritable Konzertsäle. Einzige Bedingung: Es darf nichts an ein Schiff erinnern! Die 3000 Urlaubspassagiere, die von 1500 Besatzungsmitgliedern betreut werden, sollen sich auf ihrem Traumschiff wie in einem traditionellen Hotel fühlen. Jedes Jahr läuft ein noch größeres Trumm vom Stapel. Der Kapitän ist eine Art Oberbürgermeister mit Schifferpatent.

Und woran orientiert sich die Architekturavantgarde inzwischen? An Kuckucksuhren oder Stealth-Bombern. Gottlob halten Symbole nicht ewig.

14. ANDENKEN

Ob man in Hamburg auch „Mitbringsel“ sagt, lassen wir dahingestellt. Das Wort besitzt eine sehr betuliche, süddeutsche Färbung. Aber was es bezeichnet, gilt über alle Sprachgrenzen hinweg.

Mitbringsel sind kleine reisekultische Gegenstände. Sie dienen dazu, die Erinnerung an den Urlaub wach zu halten, wozu man etwas Typisches aus seiner Ferien-Exklave als Fetisch mitnimmt oder wenigstens ein signiertes Abbild davon, zum Beispiel einen Bierseidl oder einen Aschenbecher mit Schloss Neuschwanstein drauf. Jüngere Urlauber bevorzugen eher ein T-Shirt, etwa mit dem Aufdruck „Hardrock Café Marbella“. Mitbringsel werden aber auch gerne an die Daheimgebliebenen verteilt, die erwartungshungrigen Eltern, die Nachbarin, die die Blumen versorgt hat, oder die Kollegen, denen man wenigstens eine Geschmacksprobe Ouzo aus dem Duty-Free-Shop spendieren muss.

Man unterscheidet die natürlichen Landesgaben, also Muscheln, Pinienzapfen oder Vogelfedern, deren Bergung man mit halsbrecherischen Reportagen begleiten kann, dann die zum Verzehr geeigneten wie Salami oder Maronencrème, die selbstverständlich aus einem kleinen, völlig abgelegen Lädchen stammen, das zuvor noch nie ein Tourist betreten hat, weiter die wirtschaftlichen (weil Maßanzüge in China unverschämt günstig sind) und schließlich die eigens als Reiseandenken hergestellten Artikel. Siehe oben, Neuschwanstein.

Die Quarantäneschwelle für Reisedevotionalien wird sehr niedrig gehalten, man darf praktisch jeden Kitsch einführen, da die Erreger nicht beherrschbar sind. Und leider sind alle Menschen davon betroffen. Die Oma freut sich über ihren geweihten Rosenkranz aus Lourdes und den Ettaler Klosterlikör, der Sohn findet das kulturlos und zeigt sich cool mit seiner MoMA-Cap aus New York, die Enkeltochter hat sich auf der Klassenfahrt nach Berlin ein neues Tattoo stechen lassen und hängt sich Omas Rosenkranz um, wenn sie in die Disco geht. Das Thema hat also noch Zukunft.

15. FAHRERWECHSEL

Mein Großvater war ein Sonntagsfahrer. Er fuhr grundsätzlich mit Hut, er fuhr langsam und selten. Sonntags. Nach Wasserburg, an den Wörthsee, ins Isartal. Großvater fuhr nur bei Tag und nur bei schönem Wetter und nicht, wenn es zu kalt war. Ich glaube, er hat nie ein anderes Auto überholt, es sei denn ein parkendes. Neben ihm saß meine Großmutter. Sie sagte ihm, wie und wo er fahren musste. Vorne links, dann geradeaus. Vorsicht, da kommt einer. Fahr nicht so schnell. Sie kannten beide die Strecke auswendig, da sie immer das gleiche Ziel hatten: Wasserburg, Wörthsee, Isartal. Im Urlaub fuhren sie ins Allgäu oder an den Bodensee. Wenn sie einkehrten, haben sie zusammen nie mehr als eine Maß getrunken.

Zur Arbeit kam Großvater mit dem Rad. Als Rentner entfiel das. Aber auch dann nahmen beide wochentags die Trambahn, wenn sie zum Einkaufen in die Stadt fuhren.

Samstags wurde das Auto, ein VW-Käfer – was sonst –, regelmäßig gewaschen. Nur mit klarem Wasser. Auch wenn niemand damit gefahren war. Das gehörte sich irgendwie zum Wochenende. Die einzige Sonderausstattung, die im Laufe der Jahre investiert wurde, waren Schonbezüge, ein beleuchtetes (!) D-Schild und ein Blumenväschen am Armaturenbrett, um die von Großmutter bei den Wochenendexkursionen gepflückten drei Margeriten oder Kornblumen aufzunehmen. Beim Tanken – Großvater blieb dabei immer hinterm Steuer sitzen und orderte zwanzig Liter Aral – ließ er jedes Mal Luft, Wasser und Öl kontrollieren. Aber nie fehlte etwas. Sollte es vor fünfzig Jahren schon den Treibhauseffekt gegeben haben, Großvater hatte daran keine Schuld. Sein Auto fuhr so langsam, dass der Motor nie mehr als die Hälfte seiner fünfundzwanzig PS hergeben musste. Trotzdem kam er nie zu spät. Er fuhr gerne Auto, er lenkte es wie ein Schaffner, vielleicht wie ein Kapitän. Mein Vater lachte über ihn, und wir Kinder wussten: Großvater war ein Sonntagsfahrer. Furchtbar. Nach seinem Tod kaufte ein Student das Auto. Es war achtzehn Jahre alt und 51.000 Kilometer gelaufen.

Heute wissen wir, Großvater war seiner Zeit meilenweit voraus.

16. EINGESCHMIERT

LSF, wie man voreilig vermuten könnte, bezeichnet keine neue Fernsehsendung mit Dieter Bohlen, sondern ist die Abkürzung für den Lichtschutzfaktor einer Sonnencreme. Um sie soll es gehen.

Sonnencreme, wissenschaftlich als Lichtschutzpräparat klassifiziert, ist das Schmiermittel für den Urlaub. Schon ihr Geruch verheißt Sonne und Freizeit. Welche Erinnerungen kleben an der angebrochenen Tube, die man im letzten Jahr auf Malle gekauft hat! Zur Reisezeit rüsten die Drogerien entsprechend auf, ein paar Regalmeter sind schon nötig, um die konkurrierenden orange-braunen Tuben, Fläschchen, Dosen, Tiegel aufzustellen. Der Kunde bedient sich hier mit Bedacht, es sind Produkte zwischen Kosmetik und Pharmazie. Man hat ja einiges gelesen über Hautkrebs, aber nur passiv abhalten will man die Sonnenstrahlen ja auch nicht: Wird man nicht doch schöner braun, wenn man einen geringeren Lichtschutzfaktor nimmt? Selbstbräunungscreme kauft und verwendet man dagegen nur diskret, so wie Kondome. Das hängt damit zusammen, dass Urlaubsbräune als gesunde körperliche Leistung zählt, da will man beim Mogeln nicht erwischt werden. Nix Push-up!

Seit wann gibt es eigentlich Sonnencreme? Als Kinder hat man uns lediglich ganz normale Nivea auf die Nase und den Buckel geschmiert. Erst bei einer Reise an die Nordsee kam Mutter mit einer türkisfarbenen Flasche Zeozon daher. Das war toll, Sonnenmilch! Sofort bekam der Urlaub ein ganz anderes Niveau. Es war dann aber nur kalt und hat geregnet.

Später als Pennäler schworen wir auf Tiroler Nussöl, wenn wir die Nachmittage im Schwimmbad verbrachten. Nussöl war eine elend klebrige Angelegenheit, hinterließ Flecken auf dem Handtuch und Schlieren im Wasser, aber es roch nach Urlaub und sollte unerreicht gut bräunen. Das leuchtete uns ein, unter Fett und Frittieren konnte sich jeder etwas vorstellen.

Sonnencreme ist also ein Auszeit-Präparat. Jedenfalls für uns Büroangestellte in der Stadt. Es gibt Berufe, bei denen gehört Sonnencreme dazu wie Büromaterial, etwa bei Skilehrern und Skippern. Die können sie sogar steuerlich absetzen. Egal mit welchem LSF.

17. TAGE WIE DIESE

Jeder Urlaubstag hat einen anderen Wert, fühlt sich anders an. Am ersten Tag ist die Erholung gleich Null, die Erwartung unendlich. Das ändert sich während der Laufzeit, funktioniert also ähnlich wie Zero-Bonds. Bei beiden ist der Gewinn spekulativ.

Wenn man endlich aufbricht, das Auto wieder bis zum Schiebedach vollgeladen hat, ist man vom Packen, Umpacken, Gas Abstellen, Nachbarn wegen der Blumen Instruieren, Zeitungsabo Umleiten... völlig erledigt. Doch mit der Vorfreude hat man sich ein stabiles Polster umgelegt, das magische Kräfte verleiht. Urlaub, zwei volle Wochen, du fasst es nicht! Endlich keine Meetings, keine Workshops, keine Marktanalysen mit Frau Splittgerber. Unglaublich!

Die Anreise absolviert man entspannt, das Auto hat Klimaautomatik, und alle Beethoven-CDs sind dabei. Damit ist man für jeden Stau gewappnet. Später wird man sich gerne an die Fahrt erinnern: an das Erwachen heiterer Gefühle bei der Ankunft auf dem Lande. Und der ganze Urlaub lag noch vor einem! Danach hieß es mit dem Ferienkapital haushalten. Schnell ist ein Tag um, man hat sich nur mal orientiert, noch nichts erlebt. Dann der zweite: Regen! Der dritte, ein Montag, die Museen haben zu. Weiter mit der Vier und der Fünf: wenigstens etwas Sonnenbrand bei der Bergwanderung. Aber ein Drittel der Zeit ist vorbei! Und wirklich sensationell war noch nichts. Man könnte die Splittgerber mal nach dem Monatsabschluss fragen.

Erst ab Urlaubsmitte kehrt sich die Wahrnehmung um. Die Nabelschnur zum Büro ist gerissen, man schläft nicht vor Erschöpfung länger, sondern aus Faulheit. Beim Padrone hat man seinen Stammplatz, die Barockkirchen des Ortes könnte man blind auseinander halten, die restlichen Ziele noch bequem schaffen, sofern man wollte.

Doch die beiden letzten Tage zwingen zur rationalen Kalkulation. Schließlich will die Rückfahrt überlegt werden. Man plant eine langsame Heimreise mit vielen Sehenswürdigkeiten am Weg. Damit zögert man den Abschied hinaus. Die Stimmung ist verhalten, eine bleierne Schwermut fährt mit. Man spürt, es wird gleich wieder alles so sein wie vierzehn Tage zuvor. Als wäre nichts gewesen.

Und die Splittgerber hat noch ihren ganzen Jahresurlaub vor sich!

18. NERVENKITZEL

Was will man im Urlaub eigentlich? Sich erholen, Bücher lesen, das Wohnzimmer streichen? Nein, in unseren friedlichen Regionen liebt man den Nervenkitzel. Da nicht jeder auf eigene Faust durch Grönland oder die Sahara trampen kann, gibt es zahllose Angebote, sich mit Booten, Boards oder Bikes „auf abenteuerlichen Routen“ durchzukämpfen.

Was für ein Blödsinn! Wenn ich mit meinen Eltern in unser Ferienhaus fuhr, war das noch ein echtes Abenteuer. Die letzten Kilometer führten durch einen dichten Wald, dann erreichte man das abgelegene Haus, sollte Schlösser und Riegel öffnen, Gitter entfernen, Sicherungen einschalten – ein Indiz, dass man sich vom behüteten Leben entfernt hatte. Die Kaminscheite lagerten in einer separaten Holzhütte, und wenn es spät war, musste man sie im Stockfinstern heranschleppen. Im Wald knackte es dann unheimlich, ein Käuzchen rief, und die Bäume raunten und rauschten als schwarze Wedel im Mondlicht. Manchmal kamen Wildschweine bis auf das Nachbargrundstück, dort hatte ein Bauer nach dem Krieg Kartoffeln und Gemüse angepflanzt, wovon noch ein wild wucherndes Geschling übrig geblieben war. Es sollte auch streunende Hunde geben, sagten die Eltern, und in den Forsthäusern der Umgebung sei immer wieder eingebrochen worden.

Mein Vater besaß darum eine Pistole – für alle Fälle. Zum Glück war es nie zum Nahkampf gekommen. Aber einmal im Jahr musste er mit seinem Schießeisen üben. Dazu platzierte er eine Zeitung in der verkrauteten Wildschweinwiese, nahm ein paar Meter davor Aufstellung, während Mutter und ich in sicherer Entfernung blieben und uns die Ohren zuhielten. Die größte Sorge war, dass die Pistole nach hinten losgehen könnte, das sollte es schon gegeben haben.

Deshalb zielte Vater mit ausgestrecktem Arm auf die Zeitung, krümmte sich wie ein Kleiderbügel mit abge-

wandtem Blick nach hinten und feuerte furchtlos auf das ausgebreitete Ziel. Jede Patrone hätte das Papier mühelos durchschlagen, wenn es denn getroffen worden wäre. Immerhin hätte so eine tückische Streuattacke dem Räuber den Fluchtweg vereitelt.

Tja, Leute, gegen so eine Wehrübung ist River-Rafting oder Bungee-Jumping doch nur was für Warmduscher!

GLAUBENS

19. GLAUBENSFRAGEN

Meine Frau und ich leben in einer sogenannten Mischehe. Das heißt, wir sind beide eindeutig hetero orientiert. Aber auch unsere bevorzugten Urlaubsziele werden von divergierenden Glaubensfragen bestimmt.

Meine Frau bevorzugt das Meer – Nordsee, Ostsee, Atlantik –, ich möchte auf jeden Fall in die Berge. Ein Kompromiss sind oberitalienische Seen oder das Mittelmeer. Da muss man wenigstens über die Alpen fahren. Was das mit Religion zu tun hat? Sehr viel. Sehen Sie, wenn ich an der Nordsee stehe und über das endlos bleigraue Wasser schaue, brauche ich einen starken Glauben. Da ist nämlich rundum nichts zu sehen. Nach zwei Wochen Sommerurlaub würde ich es nicht mehr grundsätzlich ausschließen, dass die Erde eine Scheibe ist. Es kommt ein Schiff geladen, hoffen die Evangelischen, irgendeine Gnade. Meine Frau gehört auch dazu. Alle zehn Jahre schafft sie es, dass wir nach Norden fahren. Obwohl ich Pazifist bin, verbuche ich diese Schwerwetter-Manöver im Watten-Schlick als Wehrübung.

Wie herrlich ist dagegen selbst ein kurzes Ferienwochenende in den Bergen! Schon die Barockkirchen, die dem

FRAGEN

Katholiken den Weg weisen – alles Inkunabeln der Baugeschichte! – bereiten auf das transzendente Erlebnis vor. Es geht in die Höhe, zum Licht. Wie ist es dem Herrn, als er diese eine Schöpfungswoche mal gearbeitet hat, zauberhaft gelungen, dass der Bodenteppich seiner Erde so großartige Gebirgsfalten schlägt! Da dürfen wir nun hinaufsteigen und uns übungshalber dem Himmel nähern. Sursum corda! Empor die Herzen! Schon die Richtung stimmt also. In Bayern begleiten Hütten den beschwerlichen Aufstieg. Sie dürfen auch von Protestanten besucht werden, die Ökumene war in den Bergen immer weit fortgeschritten. Ob die Evangelen auch an der sich anschließenden rauschhaften Seligkeit teilhaben können, weiß ich nicht. Uns Katholen genügt es, wenn wir die letzten Wolkenbänke hinter uns gelassen haben und am Gipfelkreuz in die gleißende Sonne sehen. Da braucht es gar keinen starken Glauben mehr, um sich vorzustellen, dass sich der Himmel auftut, damit wir Seine Herrlichkeit schauen.

Meine Frau ist immer ein wenig enttäuscht, weil sie so hoch klettern musste und man nicht einmal das Meer sehen kann.

20. LAGERLEBEN

Im Urlaub will man etwas erleben. Wem sage ich das. Es gehört zum Beispiel immer dazu, sich irgendwie beschaulich oder sportlich im Freien zu bewegen. Eben anders als im Büro, in der Fabrik oder auf dem Traktor. Es ist also nicht bloß eine Frage des Budgets, wenn Menschen sich für die schönste Zeit des Jahres unter ein paar wasserdichten Stoffbahnen einrichten. Oder in einem fahrbaren „Wohnwagen“, wie ihn sonst Schausteller benutzen und die Damen eines noch älteren Gewerbes an den Ausfallstraßen.

Diese mobilen Interimsbehausungen darf man nicht überall aufschlagen oder abstellen. Nicht nur, weil das die anderen Erholungssuchenden stören würde, wenn im Englischen Garten auf einmal gezeltet würde, sondern weil auch der Camper selbst ein wenig bequeme Infrastruktur sucht. Urban nesting, wie es in Architekturfachzeitschriften gerne heißt.

Nachdem man diese Areale zunächst zur sommerlichen Kultivierung angelegt hatte, war es nicht mehr weit, daraus ohne großen Mehraufwand winterfeste Dauercampingplätze herzustellen. Solche städtebaulichen Notaufnahmelager liegen häufig an den malerischsten Flecken, an den Gestaden von Bergseen, Flussufern oder am Saum von Naturschutzgebieten. Die Parzellen sind ähnlich wie in Schreberkolonien rasterartig geordnet, nur dass hier keine gärtnerischen Ambitionen gefragt sind. Es geht ums schlichte Hausen. Wie die Konditionen sind, bleibt dem unbeteiligten Beobachter unklar. Es scheint, als sollte alles nach ambulanter Architektur aussehen, als würde man sich auf ein Signal hin fluchtartig mit seinem Gefährt in Bewegung setzen, gleichzeitig versucht jeder, sein Biwak mit Blechen, Folien und Planen wetterfest zu machen und wie ein Landhaus behelfsmäßig mit Loggien und Wintergärten zu vergrößern. Was die Baumärkte hergeben, hier wird es vertackert und verzurrt und verklebt. Lagos und Garda sehen sich plötzlich ganz ähnlich. Wann ist es hier am schönsten? Im Juli, wenn Wäsche zwischen den Gartenstühlen und Satellitenantennen flattert, Grillkohle schmaucht und Radios dudeln – oder im Novemberniesel, wenn sich hinter beschlagenen Fenstern ein paar einsame Pioniere an ihrer Isokanne wärmen? Ich weiß es nicht.

21. MITNEHMSEL

Jeder Urlaub ist irgendwann zu Ende. Dagegen muss man etwas unternehmen. Zu den legalen Urlaubsverstärkern zählen Mitnehmsel, Fetische, die die Erinnerung wach halten und auch den Daheimgebliebenen beiläufig kundtun, welches Feriendomizil man sich geleistet hat. Früher waren es die Kofferaufkleber, die Stocknägel der Hoteltouristen, mit denen man seine abgearbeiteten Reiseziele vorzeigen konnte. Obwohl die Rollbehälter heute bei weitem strapazierfähiger geworden sind und beim Gepäckauswurf am Flughafen eine deutliche Markierung nicht falsch wäre, schließt sich die Hotellerie der schieren Stickerflut nicht an. Vielleicht gilt das als proll. Und wer will sich schon zu seinem Motel-One-Koffer bekennen, wenn daneben der Ritz-Carlton-Trolley liegt?

Die Hoteliers machen das heute anders. Sie umgeben einen auf Schritt und Tritt mit praktischen Dingen, die man verwenden oder einstecken kann. Vorbei sind die Zeiten, in denen für die Mutigen ein neutrales Tütchen mit Schmierseife in der Dusche lag. Das wollte man nicht einmal für die Autowäsche mitnehmen. Mittlerweile werden in den besseren Etablissements ganze Kosmetiksets von bekannten Parfümeriemarken angeboten. Wer schlau ist,

packt sie jeden Abend in seinen Koffer und benutzt seine mitgebrachte Kernseife, dann kann er bis zum Urlaubsende eine ganze Tragetasche voll mit Shampoo, Duschgel und Body-Lotion einsammeln, das macht sich zuhause im Gästeklo immer nett.

Praktisch sind auch die kleinen Notizblöcke mit Hotelaufdruck, die bunten Kugelschreiber taugen dagegen selten, da ist man froh um einen spitzen Bleistift. Streichhölzer findet man leider immer weniger in den obligatorischen Nichtraucherzimmern. Vielleicht an der Bar, wo Sie immer drei Zuckerbriefchen zum Espresso ordern, um zwei für zuhause einzustecken. Bei den Frotteepantoffeln gibt es unterschiedliche Qualitäten. Leider sind schwarze Modelle noch selten. Immerhin könnte bei uns inzwischen eine ganze Schulklasse nächtigen, so viele Latschen haben wir schon mitgenommen. Den dicken Hotelbademantel kriegt man oft kaum mehr in den Koffer, den stecken unverfrorene Gäste einfach in die angebotene Anzughülle und tragen ihn ungeniert überm Arm aus dem Haus. Falls es beim Auschecken regnet, wird es Ihnen niemand verübeln, wenn Sie sich noch einen Schirm im Windfang greifen. So hat man einfach länger etwas von seinem Urlaub.

22. KURSCHATTEN

Die größte Dichte an sandbeigen und schilfgrünen Blousons gibt es in Kurorten. Wer ohne sie ankommt, kann sich hier passend einkleiden. Auch das Angebot an hellbraunen Bequemschuhen und hubraumstarken Badeanzügen mit Stützfunktion ist beachtlich. Es wird nur noch übertroffen von den Mineralienläden. Warum es in Kurorten solche besonderen Andenkenabgabestellen gibt, wäre eine Untersuchung wert. Es mag am Alter der Zielgruppe liegen oder an der ausgleichenden Wirkung der balneologischen Anwendungen, dass sich Kurgäste für Kunstgewerbliches aus Rosenquarz oder Malachit interessieren. Auf Nebeneinnahmen sind die Badeorte allerdings dringend angewiesen. Das Geschäft lahmt. Die goldenen Zeiten, als Beamte und Angestellte zur Wiederherstellung ihrer vollen beruflichen Leistungsfähigkeit jedes Jahr zur Kur fahren durften, sind lange vorbei. Gegen die verheerenden Krankheitsbilder – Schlaflosigkeit, innere Unruhe, Appetitmangel und Schwindelgefühle – wird keine Kur verordnet, da soll Yoga in der Volkshochschule reichen. Die Kliniken der Leistungsträger stehen deshalb leer. Wer heute einen therapeutischen Aufenthalt spendiert bekommt, hat postakute oder rehabilitative Anwendungen nötig. Da muss zuvor schon ein ganzes Stück Darm oder Knochen demontiert oder eine umsatzgefährdende Depression festgestellt worden sein, bevor man sich in die Fürsorge eines Kurbads begeben darf.

Ob die Anwendungen dann immer große Freude bereiten, wenn man auch bei einem Bandscheibenvorfall auf cholesterinarme Kost gesetzt wird, muss man bezweifeln.

Als Hermann Hesse sich einmal zur Kur begeben hatte, sinnierte er über die schwarzbestrumpften Saaltöchter seines Badhotels, die den Stoffwechselkranken delikate Schinken, saftige Schnitzel, krosse Braten, wunderbare Kuchen, Puddings und Crèmes servierten. „Sie sind ganz ohne Kur von selber so schlank und beweglich und dies dünkt uns doch des tieferen Nachdenkens wert", so steht es bei Hesse.

Wir können Hesse gut verstehen. Die Krankenkassen haben das bislang einfach unterschätzt. Gutes Essen und die Betreuung durch junges hübsches Personal trägt entscheidend zum Erfolg einer Kur bei.

23. FUSSLÄUFIG

Zu den eindeutigen Urlaubsrequisiten zählte früher die deutsche Herrensandale. Als Männer noch obligatorisch mit Anzug ins Büro gingen und selbst Schullehrer zu ihrem speckigen Sacco Hosen mit Bügelfalten trugen, wären Sandalen undenkbar gewesen. Sie galten als bequeme Fußbekleidung für den Feierabend, das Wochenende – und natürlich den Urlaub. Sie waren das Cabrio des kleinen Mannes. Im Gegensatz zu den italienischen Modellen aus bretthartem knarrendem Leder, mit denen man barfüßig noch den Macho geben konnte, war die deutsche Herrensandale mit ihrer geschäumten Fußbett-Topografie, den gepolsterten Schlaufen und der elastischen Porokreppsohle so sexy wie ein Strickhemd mit Hosenträgern. Korrekt trug man dazu helle Socken aus einem Baumwollmischgewebe, vorzugsweise mit Rautenmuster. Für uns Kinder war es wichtig, dass die Sandale möglichst wenige Riemchen hatte, vor allem keine Kappe oder eine geschlossene Ferse. Die sahen nämlich aus wie von der Krankenkasse. Doch solche Schuhe wollten die Eltern nicht haben. Vielleicht steckte während des Kalten Krieges die Angst dahinter, diese leichtsinnigen Sandalen würden die vielleicht notwendige Flucht vor den Russen erschweren. Wie hieß es doch: Zäh wie Leder...

Später als Studenten kauften wir uns an römische Vorbilder angelehnte stiefelhohe Wildlederfutterale. Diese geschlechtsneutrale Woodstock-Sandalette eignete sich aber eher für das Kiffen auf der Matratze als zum Marsch durch die Institutionen. Schon ein Open-Air-Konzert auf Bauer Bartls nasser Wiese überlebten die Riemchengaloschen nicht. Mit einer deutschen Herrensandale aus poromerischem Kunstleder hätte man keine Probleme gehabt.

Nach der Wende zeigte sich übrigens, dass die Brüder (und Schwestern) sandalenmäßig zu uns gehalten hatten. Abgesehen von einigen Modellen aus minderen Plasten und Elasten war die Herrensandale aus volkseigener Produktion baugleich, so dass in dieser Hinsicht von einer Trennung keine Rede sein kann. Es wäre sogar angebracht, von einer gesamtdeutschen Herrensandale zu sprechen.

Heute, wo alle Welt von einer nachhaltigen Produktion spricht, zeigt sich ihr unerreicht langer Lebenszyklus. Nachdem man irgendwann den Fersengurt herunter getreten hatte und mit seiner alten Sandale nur noch zum Briefkasten oder zum Bierholen in den Keller geschläppelt ist, trennte man später den unnützen Verschlussriemen mit einem herzhaften Schnitt ab. So lebt sie noch lange Jahre als Pantoffel weiter, die deutsche Herrensandale.

24. VOLLBAD

Arbeitgeber haben immer darauf geachtet, dass ihre Angestellten bei Dienstreisen mit der Wahl ihrer Hotels keine unrentierlichen Kosten verursachen. So war es vor einigen Jahren nichts Außergewöhnliches, wenn man in seiner Herberge ein Zimmer mit Etagenbad und Podestklo erwischte. Das hat sich allmählich geändert. Bei Altbauten gelangen die nachträglichen Sanitäraufrüstungen nicht immer mit der gebührenden Sensibilität, da wurden Zimmerachsen verlegt und Stuckprofile asymmetrisch halbiert für die hinter dem Eingang eingebaute dunkle Nasszelle, deren schmale Tür mit Nachttisch und Kofferablage haderte. Aber der Prospekt hatte nicht zu viel versprochen, es gab tatsächlich ein eigenes Bad. Künftig sollte es zum Standard schon in der einfachen Hotellerie werden. Der Zeitgeschmack lässt sich bis heute minutiös verfolgen. Beige Fliesen mit Ornamenten und olivgrüne Keramikobjekte laufen bereits Gefahr, unter Denkmalschutz gestellt zu werden. Wenn es doch nur so wäre!

Stattdessen erreicht uns eine neue kulturelle Botschaft. Als hätte die Linke den Marsch durch die Institutionen in die Hotelbäder verlegt, werden dort wie bei der Kommune 1 die Klotüren ausgehängt. Man wäscht sich wieder im Zimmer! Als sollte die mitreisende Begleitung kontrollieren, ob man beim Zähneputzen mogelt und den Deoroller vorschriftsmäßig handhabt, wird ein Salatschüssel-artiges Waschbecken neben dem Schreibtisch platziert – ein erstes Indiz für avantgardistisches Hotelinterieur. Wenn man Pech hat, kriegt man auch noch eine gläserne Dusche in Zimmermitte oder eine freistehende Badewanne. Dies wird dann im Hausprospekt wie eine sinnliche Zugabe annonciert, als sei die Übernachtung ein Aphrodisiakum für ältere Ehepaare. Was allein reisende Vertreter mit dieser spätrömischen Dekadenz-Bemusterung anfangen sollen, bleibt offen. Am Ende stecken wieder die Arbeitgeber dahinter, die ihren Angestellten – auch firmenübergreifend – die Buchung von preisgünstigeren Doppelzimmern schmackhaft machen wollen. Nur das Klo bleibt von die-

ser Neuerung verschont. Es befindet sich in einem wandschrankgroßen Kabinett ohne Handwaschbecken. Ein Abstrich von der Türklinke würde zur sofortigen Schließung des Etablissements führen.

25. SHORT CUTS

Für uns Kinder waren kurze Hosen keine Sommerkleidung. Sie wurden aus dem Schrank geholt, sobald sich das Frühjahr halbwegs verlässlich zeigte. Gegen die Kälte wurden den Buben lange braune Wollstrümpfe angezogen, die man mit einem Schlitzbandgummi an die Unterhose knöpfte. Das war überaus peinlich, verglichen mit Mutters eleganten Strumpfhaltern. Und das erklärt vielleicht heute die Vorliebe älterer Männer für schwarze Strapse.

Erwachsene trugen keine kurzen Hosen. Zumindest nicht werktags und erst recht nicht bei der Arbeit. Sie waren die Kleidung für Urlaub und Wochenende. Wenn sich im Hochsommer diese Ausnahmezeit ankündigte, fragte mein Vater meine Mutter nach seinen Shorts. Er benutzte die englische Bezeichnung, um dem legeren Kleidungsstück wenigstens einen Hauch von Würde zu geben. Damit war die Saison offiziell eröffnet.

Die erste Anprobe geriet jedes Mal zum Ritual, weil der Hosenbund ungewohnt spannte. Dies sei nicht seine Hose, sagte dann Vater, sie gehöre sicher einem der Kinder. Man möge ihm seine Shorts heraussuchen, das könne doch nicht so schwer sein. Meine Mutter versicherte, dass

SHORT

es sich auf jeden Fall um dieselbe Hose handele, die er schon im letzten Jahr getragen habe, und fragte vorsichtig, ob er vielleicht zugenommen haben könnte. Das schloss Vater kategorisch aus, nannte die Vermutung eine Frechheit und schlug sein Strickhemd über den halb offenen Hosenbund. Du hast sie falsch gewaschen, sie ist eingelaufen, bot er vermittelnd an und trollte sich in den Garten.

Weiter pflegte er in seinen Shorts nicht zu gehen. Niemals zum Einkaufen oder gar in ein Lokal, wo man ihn kannte. Die kurze Hose war Urlaubskleidung, das offizielle Habit für den Angestellten in der Ferien-Exklave. Es gab sie nur in Beige, dazu trug man braune Sandalen mit Kreppsohlen. So ausgerüstet war man atmosphärisch mit Urlaub umgeben, irgendwie abgemeldet und ausgemustert. Wenn sich zwei Männer überraschend in kurzen Hosen begegneten, sprachen sie nicht über ihre Arbeit. Es war klar, man war „draußen", das wurde akzeptiert wie Volltrunkenheit, in diesem Zustand konnte man Kollegen nicht ernst nehmen und über die Bilanzen sprechen.

Seit wir mit Freizeitkleidung ins Büro gehen, ist diese Zurückhaltung verloren gegangen.

CUTS

26. OHNE SCHWUNG

Wir verreisen nicht nur in ferne Länder, wir holen sie mit unverwechselbaren Requisiten auch zu uns nach Hause. In den 1950er Jahren waren das die Chiantiflaschen, die als Tropfkerzenhalter im Partykeller das Dolce Far Niente von der Adria importierten. Später, mit zunehmenden Urlaubsradien, kamen Buddhas aus Holz, Elefanten aus Messing und Löwen aus grünem Stein dazu. Asien halt.

Auf halber Strecke, mitten im Kalten Krieg, als man bei uns solidarisch alles Amerikanische als Botschaft einer besseren Welt betrachtete, gehörte die Hollywoodschaukel zu den Sehnsuchtsobjekten des Mittelstands. Als meine Eltern in ihr neues Haus zogen, wurde irgendwann so ein Trumm angeschafft. Natürlich war es kein Reisemitbringsel, sondern eine Lieferung des ortsansässigen Möbelgeschäfts. Die hellroten Polster und das Stoffdach waren mit Blumenmustern bedruckt, passten damit gut zu unserem Kaffeekannenwärmer. Damit der Stoff nicht in der Sonne verbleichte oder nass regnete, wurde die Schaukel unter das Terrassenvordach gerückt. Das war so, als würde man seinen Carport in die Garage stellen. Vor allem blieb es jetzt im Wohnzimmer finster, weil vier Quadratmeter Stoff die Glasfront verdunkelten.

Für uns Kinder war eine Hollywoodschaukel natürlich das Größte, das Stillsitzen bei Tisch endlich abgeschafft. Aber der Spaß währte nicht lange, da sich die Erwachsenen von dem Geschaukel belästigt fühlten. Außerdem wollte sich immer jemand dazu setzen, dann hieß es Ruhe geben. Wenn man sich mit den Tanten auf kein sanftes Wiegen einigen konnte, wurde die Schaukelbank mit zwei Sturmhaken arretiert. Das war blöd. Kam Besuch, bot man ihm gönnerhaft die Plätze auf der Hollywoodschaukel an. Dann saßen die armen Leute nebeneinander und konnten kaum über den hohen runden Tisch sehen. Die auf den Außenplätzen erreichten nicht mehr ihren Kuchenteller oder verschütteten den Kaffee, wenn die Schaukel sich doch unerwartet bewegte. Es hatte etwas von Geiselnahme. Geschah ihnen recht, wenn sie uns Kinder verdrängten.

Später als Studenten fanden wir die Hollywoodschaukel ziemlich daneben. Sie war inzwischen verschossen, rostig und quietschte. Was konnte von den US-Imperialisten schon Gutes kommen!

27. LESESTRECKEN

Natürlich braucht man eine Urlaubslektüre! Sonst kann man eine Reise gar nicht richtig genießen. Als erstes besorgt man sich Literatur zur Region, zur Landschaft, zu Geschichte, Kunst und Architektur, selbstverständlich auch Empfehlungen zur typischen Küche.

Unentbehrlich ist auch ein Sprachführer, man will ja nicht wie ein blöder Tourist herumtapern, sondern mit den Leuten reden. Es gibt immer wieder Situationen, in denen man auf ein paar fremdsprachliche Sätze angewiesen ist, zum Beispiel bei Speiseunverträglichkeiten. Dann kann man, wenn man durch Kambodscha trampt, vielleicht fragen, ob es die Fischsuppe auch ohne Fisch gibt („Est-ce que je peux avoir la bouillabaisse sans poisson?“).

Falls man mit dem Wetter Pech haben sollte, ist man froh um etwas leichte Unterhaltung. Vati hat deshalb Wallander dabei, Mutti Hera Lind. Allerdings bietet gerade der Urlaub Gelegenheit, sich an die umfangreichere Pflichtlektüre zu wagen, an Musil, Joyce und Franzen. Also einpacken! Und Angestellte sollten nicht vergessen, dass sie während der freien Tage von ihrem Arbeitgeber durchgefüttert werden. Das heißt, es ist auch eine Frage der Loyalität, sich für seine Firma weiterzuqualifizieren, also Fachliteratur,

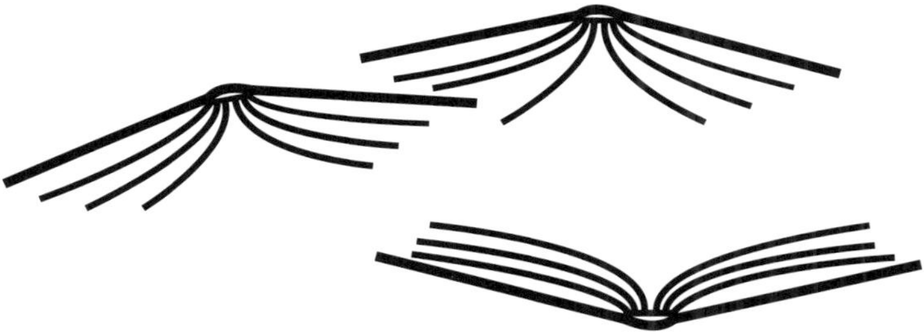

für die im Tagesgeschäft keine Zeit bleibt, mitzunehmen. Ich denke an aktuelle Hochschulveröffentlichungen oder Kommentare zur Ausführungsverordnung nach europäischem Recht. Dazu ist jetzt Gelegenheit, damit man den Anschluss nicht verliert und nach dem Urlaub gut präpariert wieder einsteigen kann.

Mit dieser Grundausstattung an Pflichtlektüre können Sie den zwei Wochen in Malle oder Bad Hersfeld getrost entgegensehen. Ja, zugegeben, mit Büchern zu verreisen bedarf einer gewissen Logistik, vielleicht lässt sich damit der Erfolg der großen Geländewagen erklären. Natürlich kann man das alles auch elegant und Platz sparend auf einem Tablet mitnehmen, dann lässt es sich auch unauffällig zwischen den verschiedenen Lesestoffen wechseln. Und wenn Sie Glück haben, merken Sie am zweiten Tag, dass Sie Ladegerät und Netzadapter vergessen haben. Dann beginnt der Urlaub tatsächlich!

28. HANDEL UND WANDEL

Die Faustregel, dass in anderen Ländern andere Sitten herrschen, kennt jedes Kind. Zum Beispiel weiß man, dass es in den von uns bevorzugten südlichen Urlaubsregionen nirgends feste Preise gibt.

Wenn man auf den Markt geht und sich eine landestypische Ledergeldbörse, einen Jadeaschenbecher oder einen handgewebten Teppichläufer kaufen will, ist der Preis, den der Händler als erstes nennt, nicht mehr als eine Begrüßung, die zeigt, dass er zum Feilschen bereit ist. Nach dieser Eröffnung gilt es, zunächst Desinteresse zu demonstrieren. Natürlich will man einen bestimmten Geldbeutel haben. Schon seit Tagen hat man bei jedem Weg diese wunderbaren Kunstfertigkeiten der Kürschner bewundert. Dem Händler blieb das nicht verborgen, er hatte einem seine Waren fast aufgedrängt. Nun war man bereit, sich auf den Zweikampf einzulassen.

Dreißig, eröffnet er die Partie. Fünfzehn, ist unsere Antwort. Richtig, immer die Hälfte sagen, hatten uns erfahrene Kollegen geraten. Dreißig, sagt der Mann. Oh, das konnte hart werden. Kennt der die Spielregeln nicht? Wir insistieren auf fünfzehn, deuten ein Weitergehen an. Man musste diesen Dritte-Welt-Grattlern mit der Souveränität des Globetrotters entgegentreten. Fünfzehn! Eine andere Zahl kennen wir gar nicht. Fünfundzwanzig, bietet er darauf an. Aha, Bewegung, er nimmt uns ernst, er will verkaufen. Kann sogar fast akzentfrei Deutsch. Wohl mal als Gastarbeiter bei uns gejobbt? Na, gut, sagen wir achtzehn, mehr ist das harte Rindleder doch nicht wert. Er schüttelt den Kopf, verweist auf die sensible Handarbeit, die vielen Fächer für die vielen Kreditkarten. Da hat er Recht, wir haben viele Kreditkarten. Zwanzig! Das wäre immer noch ein Schnäppchen, dafür kriegt man so etwas nicht in Deutschland. Dreiundzwanzig, legt der Händler nach. Seine Schwester – er zeigt ein Foto – hat einen halben Tag an der kunstvollen Brieftasche gearbeitet. Das eingeprägte Muster ist ein Ornament, das seine Familie seit dreihundert Jahren verwendet, das Original, was leider überall kopiert wird. Zweiundzwanzig, sagen wir und zählen ihm das Geld passend auf den Holzteller. Er nickt, lächelt, steckt uns die Börse in eine Tüte. Wir sind zufrieden, guter Deal. 22,50 wäre erst die Mitte gewesen! Schönes Andenken. Und auch die hübsche Schwester etwas unterstützt.

Weiß der Henker, warum es vier Wochen später bei einer Aktionswoche im Kaufhof das gleiche Portemonnaie für drei Euro gibt!

29. THEMA VERFEHLT!

Erstaunlich, wo man überall schlafen kann: mitten im Urwald beim Gekreisch von Papageien und Sittichen, in einem Formel-1-Rennwagen, im Seemannsheim, im Mädchenzimmer, auf einer Musical-Bühne, in einem ayurvedischen Meditationsraum, im Puff. Dazu bedarf es gar keiner exotischen Fernreisen, man muss nur mitten in der Republik ein Hotel mit Themenzimmern erwischen.

Diese Erfindung ist eine Rache an den Journalisten, die sich jahrelang darüber beklagt haben, dass sie bei ihren Dienstreisen in charakterlosen Hotels untergebracht werden, die einem internationalen Standard gehorchen und sich zum Verwechseln ähnlich sehen. Wo bin ich gerade, fragten sich die Kollegen, wenn sie nach einer feierlich abgeschlossenen Pressekonferenz am Morgen in ihrer Bettenhälfte unter einer verschwitzten Kunstfaserzudecke aufwachten? In Oberhausen, Saarbrücken oder Delmenhorst? Hier gab es Handlungsbedarf.

Die Hoteliers erkannten: Es reichte nicht, mit Minibar, Haarföhn und Frühstücksbüffet zu locken, man musste dem Gast einen Mehrwert bieten. Gerade dem strapazierten Firmenrepräsentanten vulgo Vertreter, der seine Nächte wochenlang in fremden Betten verbringt, musste ein unverwechselbares Ambiente geboten werden. Die Innenarchitekten waren also gefordert, konventionelle Nutzungsmöglichkeiten, deutsche Industrienormen und fiktionale Kulissen zusammenzubringen. Der Gast darf nicht maßlos verunsichert werden, er soll ohne Gebrauchsanleitung erkennen, dass sich im vermeintlichen Tresor nur die Minibar verbirgt, die Geweihe hinter der Tür als Kleiderhaken dienen und der Pütz mit dem dekorativen Tampen als Papierkorb benutzt werden darf.

Bisweilen kommt man sich etwas albern vor, wenn man von so einem Themenzimmer überrascht wird. Als müsste man in einem Theaterstück mitwirken und hätte seinen Text nicht parat. Oder wäre als erklärter Faschingsmuffel zu einem Kostümfest geschickt worden. Immerhin genießt man die Schadenfreude, dass die anderen Gäste genauso albern aussehen, wenn sie in ihren zerknitterten Anzügen auf Teppichstapeln und Frachtkisten vor Benzinfässern sitzen und unfreiwillig bei der Inszenierung Wir-frühstücken-im-Hafenspeicher mitwirken.

Dabei gäbe es ein dankbares, übertragbares, endlos variierbares Thema: Wohnen in guter Architektur.

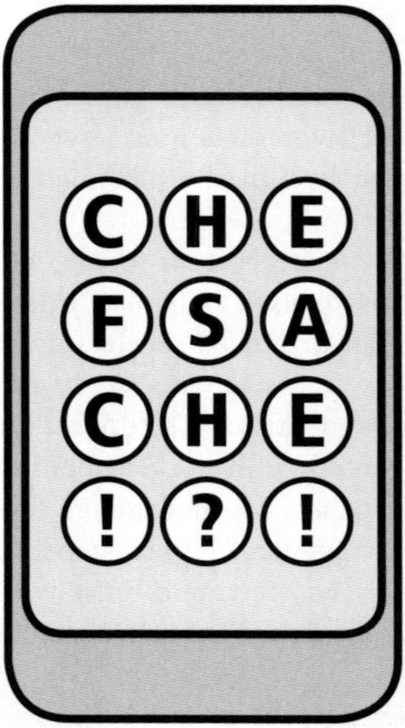

30. CHEFSACHE

Es ekelt einen etwas, wenn man in Bussen und Bahnen jemandem zusehen muss, wie er schmierige Sojanudeln aus einem Pappbecher stochert. Oder sich schluckweise mit seiner Bierflasche präsentiert.

Aber Meuchelgedanken kommen auf, wenn man einen Platz im Ruheabteil der Deutschen Bahn gebucht hat und dennoch rücksichtslos von den Handygesprächen seiner Mitreisenden beschallt wird. Kinder können nerven, Skatrunden stören, heimreisende Bundeswehrangehörige lästig werden. Aber eine Geißel sind diese Geschäftsreisenden, die die hageldichten Erfolge ihrer unentbehrlichen Tätigkeit mitteilen müssen. Denn: Es sind ausnahmslos Könner unterwegs. Nie hört man, dass einem etwas misslungen ist, er sich geirrt, etwas versaut hat. Bisweilen möchte man glauben, es handelt sich um Textbausteine, so vertraut sind einem Sätze wie: „Wenn Splittgeber wieder mauert, werde ich massiv!" Oder: „Das haben die Vollpfosten der Holding in Gummersbach zu verantworten." Typisch ist die Wiedergabe von Gesprächen in Echtzeit: „Ich sag' noch..., darauf die Wanninger von der FiBu..., da hab' ich ihr aber..." Natürlich hat der Erzähler die Partie für sich entschieden. Manche sind jovial, duzen ihre Gesprächspartner und lassen sich durch alle Büroetagen verbinden: „Marc, gib' mir mal den Kevin und dann die Ute." Sie bestellen Rückrufe, leiten Konferenzen ein, fluchen über unterbrochene Verbindungen.

Beim ersten Telefonat ist man noch geduldig, beim zweiten überlegt man, wie man es dem lauten Wichtigtuer mitteilen soll, dass man nicht zufällig das Ruheabteil genommen hat. Wenn man zu lange zögert oder eine Mehrheit quakender Handelsvertreter um sich entdeckt, schafft man keinen höflichen Satz mehr. Man denkt an Gewalt, an Sabotage, wünscht ihnen Schleudersitze oder wenigstens Stromschläge aus den verdammten Handys. Sitzt man wirklich im Ruhebereich? Haben die Kerle das nur nicht bemerkt? Geht es um Menschenleben oder den Weltfrieden, dass sie sich so ungeniert darüber hinwegsetzen? Vielleicht gibt es eine Freistellung mit den Bonus-Punkten?

Wir halten es aus. Diese Prüfung geht vorüber. Wir fahren gerade in Urlaub. Und werden drei Wochen lang diese Arschlöcher nicht mehr treffen!

31. ARBEITSDIENST

Ein Ferienhaus macht Arbeit, da darf man sich nichts vormachen. Wenn meine Eltern in unsere Datsche fuhren, gab es von morgens bis abends etwas zu tun. Es ging um Putzen, Instandhaltung, Weiterbauen.

Mein Vater hat dort immer gearbeitet. Wenn er nicht arbeitete, rauchte er, lief im Garten herum, blieb stehen und sprach lautlos mit unsichtbaren Kollegen. Er simuliert wieder, sagte Mutter. Von wegen abschalten! Vor allem beim Werkeln konnte sich mein Vater hervorragend auf seine Bürotätigkeit konzentrieren. Die körperliche Tätigkeit umgab ihn wie eine Aura, die ihn vor äußerer Ablenkung oder familiären Dienstleistungsaufträgen schützte. Da durfte er gedanklich ungestraft bei seiner Arbeit sein. Gleichzeitig konnten alle sehen, es ging voran: Ein Mäuerchen wuchs, ein Graben wurde tiefer, ein Laden nahm Farbe an, ein Baum war gelichtet. Das Ergebnis von Büroarbeit blieb dagegen unsichtbar.

Außerdem gehörten Handwerk und körperliche Strapazen zu den Insignien des Mannes. Man musste schwitzen, alle sollten es hören, das Graben, Hämmern, Sägen – und zwischendurch ruhig einmal einen lauten Fluch, denn der Beton war tückisch, das Material falsch geliefert, und das Werkzeug taugte auch nichts mehr. Aber das Ergebnis fiel – den widrigen Umständen entsprechend – immer ansehnlich aus. Und es war selbst gemacht.

Allerdings blieb Vaters Werkelei von einer gewissen Vorbildfunktion begleitet. Es wäre undenkbar gewesen, dass sich ein Besuch bei uns lediglich in die Sonne legte, Federball spielte oder den Nachmittag am Kaffeetisch verbrachte. Hilfreiche Mitwirkung gehörte schon dazu, wenn man es sich mit dem Hausherrn nicht verderben wollte. Werkzeug war ja mehrfach vorhanden, alte Kleidung gab es auch. Also wurde der rüstige Schwager mit seinen 70 Jahren die wacklige Leiter hinauf komplimentiert, um in Schwindel erregender Höhe die Dachrinne zu streichen. Und von der Schwiegertochter erwartete man, dass sie sich beim Baumfällen etwas anstelliger zeigte. So gab es nach jedem Besuch etwas zu bilanzieren. Das war die Nacharbeit.

Im Sinne Freuds können Ferienhäuser eine Quelle von Unglück sein, weil die Beherrschung der Natur und die Regelung menschlicher Beziehungen der herrschenden Aggressionsneigung Opfer auferlegen und einen fortwährenden Verzicht verlangen.

32. DER TOD VON VENEDIG

Venedig ist ein Sonderfall. Hier macht niemand Sommerurlaub am Meer. Wer den Lido besucht, mäkelt über die Algenplage und die stupid hintereinander gereihten Badehäuschen. Und selbst wer im Excelsior absteigt, sagt beiläufig, man könne ja duschen, wenn man aus der warmen, suppengrünen Brühe steigt. Denn man kommt eigentlich wegen irgendeiner Biennale in die Stadt.

Anders ergeht es den Reisenden, die auf den riesigen Kreuzfahrtschiffen durch den Giudecca-Kanal geschleppt werden. Sie können im klaren Wasser des Bordpools sielen, während die Serenissima zum Greifen nah vorüberzieht und man hoffen muss, dass kein ehrgeiziger Costa-Capitano die Salute-Kirche rammt. Tatsächlich wäre die Lagune nur 70 cm tief, aber wegen dieser Dampfer und der Öltanker nach Mestre werden die Kanäle regelmäßig ausgeschürft, was einen die Stadt zerstörenden Wasserzufluss auslöst.

Von ihm profitieren auch die riesigen Privatyachten, die neben den Giardini festmachen. Sie sehen heutzutage so nierentischig aus, als seien sie alle von Jürgen Mayer H.

entworfen. Der Luxus, den sie demonstrieren, ist unbeschreiblich. Die Fender, die über die Bordwand hängen, sind groß wie Öltanks und mit dunkelblauem Alcantara überzogen, die makellos weißen Festmacher laufen durch handgenähte Ledermanschetten, damit die rostigen Poller keine Spuren hinterlassen. Jeden Morgen reinigt die Crew die Bordwände mit angenehm temperiertem San Pellegrino. So kommt wenigstens einmal klares Wasser in die Bucht. Denn eine Kanalisation gibt es nicht, man vertraut auf die Dreikammer-Gruben, über die alle Hausbesitzer ihre eigenen Fäkalien und die von jährlich 30 Millionen Touristen ins Meer pumpen.

Was hinter den scheunentorgroßen schwarzen Scheiben der Yachten passiert, lenkt unsere Phantasie in Berlusconis Umgebung. In ahnungsvolle Wassernähe kommen die miteisenden jungen Damen nur bei einem Ausritt mit dem zehn Meter langen Speedboat, das über zwei Ausleger aus einer Garage in der Bordwand gehievt wird.

Venedig muss das alles aushalten.

33. KULTURBEUTEL

Wir müssen noch einmal über Venedig sprechen. Es geht um keinen Badeurlaub an der Adria, sondern um eine luxuriöse Art der unterhaltsamen Bildungsvermittlung. Wir nehmen stellvertretend die seit 1980 stattfindende Architekturbiennale. Sie ist jedes Mal ein Erfolg. Man kann gar nichts falsch machen, nach Venedig fahren alle freiwillig. Wo gibt es ein angenehmeres Alibi für Architekten und die kreativen Adabeis, für Journalisten von Feuilleton und Fachzeitschriften, um eine Dienstreise zu rechtfertigen? Wenn man ein paar Urlaubstage anhängen kann, ist der Trip eine Wiedergutmachung für die vielen Monate eines langweiligen Arbeitslebens.

Wichtig ist es, vor der Eröffnung da zu sein. Besonders die Presse ist jetzt gefordert, den Daheimgebliebenen eilig eine kritische Wertung zu liefern. Es gilt, die Arbeit, die einige Hundert Kuratoren monatelang geleistet haben, minutenschnell zu erfassen und zu bewerten. Anfänger glauben, ihnen würde das Konvolut an Veröffentlichungen helfen, aber die Lektüre würde Lichtjahre dauern. Also befragt man sich gegenseitig auf dem hastigen Weg durch die Pavillons und das Arsenale, filtert Meinungen, schnappt Aussagen auf, stößt mit einem bekannten Architekten zusammen, sieht einen noch bekannteren von weitem.

Als boshaft gilt, Kollegen auf falsche Fährten zu setzen. Zum Beispiel den Bahn brechenden Beitrag von Moldawien zu empfehlen, der angeblich in einer alten Kirche auf Torcello gezeigt wird. Moldawien, dorthin geht die

Architekturentwicklung! So hält man sich den Rücken für die eigene Berichterstattung frei.

Allerdings ließe sich nur in wochenlanger Recherche eine fundierte Einschätzung gewinnen. Das kann sich kein Verlag leisten. Deshalb vertraut der Redakteur auf seinen sinnlichen Wahrnehmungsapparat. Er spürt, wie heiß es in einem Pavillon ist, wie dunkel, was es in welcher Sprache zu lesen gibt, wie groß die Schrift ist, ob Filme laufen oder eine bewegliche Installation unterhaltsame Ablenkung bietet. Das bilanziert er vor dem Hintergrund ausstehender Einladungen, notwendiger Erfrischungen und geplanter Besorgungen unter besonderer Berücksichtigung seiner wehen Füße. Später wird er das alles verlässlich aufschreiben. Wichtig sind die Zwischentöne.

Ich möchte keine Architekturbiennale versäumen.

34. Mein schönstes Ferienerlebnis

Ein Hotel in Oberhausen, letztes Ferienwochenende. Das Haus ist ausgebucht, der Frühstücksraum bleibt über Stunden bis auf den letzten Tisch besetzt. Die Pulks der Vertreter, die am Vortag ihre Arbeit mit unaufschieblichen Handygesprächen begonnen haben, sind verschwunden.

Heute frühstücken hier junge Familien und miteinander reisende Frauen. Viele sprechen holländisch. Die Stimmung ist aufgeräumt, fröhlich könnte man sagen. Die ausgelegten Tageszeitungen bleiben unbeachtet, man beschäftigt sich mit sich selbst. Für die Kinder hat das Hotel das Frühstücksbüffet um einen niedrigen Tresen verlängert. Darauf wird allerlei Süßes und Buntes angeboten, genau das, was die Eltern zuhause rationieren oder unter Verschluss halten. Den Kindern gefällt es. Sie stellen sich brav an wie die Erwachsenen und häufen sich Smacks und Pops, Smarties und Lollys auf die Teller. Mütter verhandeln, möchten wenigstens eine Nutella-Semmel zur Grundversorgung durchsetzen. Eine besondere Attraktion sind die Honigpumpen. Man kann damit kleine Teigförmchen füllen, wenn man das untergestellte Gebäck richtig trifft. Da der klebrige Aufstrich mit

Verzögerung aus den Apparaten quillt, lässt sich mit der Dosierung ein spannendes Spiel entwickeln. Bis ein Vater eingreift: Nein, Kevin, so viel Honig können wir nicht essen.

Inzwischen hat Julia die Safttheke entdeckt. Vier Geschmacksrichtungen werden angeboten. Julia nimmt rot. Sie hat ein Glas untergestellt und drückt auf den Zapfhebel. Der Saft plätschert geräuschvoll. Es hört sich an, als würde jemand in ein Urinal pinkeln. Julia gefällt das. Gerade als die Flüssigkeit den Rand erreicht, ist ihre Mutter zur Stelle. Sie kniet sich auf den Boden und schlürft den Saft vorsichtig ab. Julia geht zum nächsten Automaten. Nicht! ruft ihre Mutter und schiebt Julia zurück zu ihrem Tisch.

Frauen sind in der Überzahl. Sie haben sich chic gemacht, einige tragen sehr kurze Miniröcke und Stiefel. Ihre zehn- oder zwölfjährigen Töchter schütteln die frisch geföhnten Haare und lassen die Träger ihrer winzigen Büstenhalterchen blitzen. Was haben die nur alle vor? Gehen sie in ein Konzert zu Justin Bieber?

Wir fragen an der Rezeption, wem dieser Familienauflauf geschuldet ist. Die kommen zum Shoppen, erfahren wir, die gehen alle ins CentrO, dafür gibt es bei uns in den Ferien günstige Arrangements.

35. FOR YOUR ICE ONLY

Nicht zu gering schätzen sollte man, welche Spätfolgen Urlaubsreisen haben können. Sie lösen nämlich kulturelle Verwerfungen aus, die später kein Archäologe wird erklären können. Zum Beispiel, wenn man bei Grabungen in Wattenscheid oder Fallingbostel Eislöffel findet.

Eis ist nämlich italienisch und kam mit der Adria-Sehnsucht in den Fünfzigerjahren zu uns. Zuvor gab es nur die Sorten Schokolade, Vanille und Erdbeere. Dieses blasse Trio schmeckte wie aus Farbpulver angerührt. Die Kugel kostete immer zehn Pfennige, das war ein Einheitspreis, den man nur schwer ändern konnte, ohne sich dem Vorwurf des Wuchers auszusetzen. Außerdem: Wie hätte man eine horrende zehnprozentige Preiserhöhung in der Praxis behandeln sollen? Die Kugel zu elf Pfennigen?

Nun wurden überall italienische Eisdielen eröffnet. Schon das Wort Diele suggerierte eine gewisse exotische Kühle. Merkwürdig, warum sie der Export eines einzigen Landes blieben. Was war mit Frankreich, Spanien, Griechenland? Nur das Softeis, das irgendwann wegen zu vieler Krankheitskeime verteufelt wurde, hatte eine andere Herkunft.

Heute sind Eisdielen Abgabestellen für cremig gefrorene Cocktails. Natürlich bietet die neue Saison Sprizz und Hugo, After Eight war gestern. Daneben sind alle Geschmacksrichtungen aus Küche, Keller und Badezimmer vertreten. Vor einigen Kreationen muss man warnen. Türkisfarbenes Schlumpf-Eis erinnert an Bananen mit Bohnerwachs, also Vorsicht.

Auch die Präsentation der endlosen Sorten hat sich verändert. Das Eis schlabbert offenbar aus einem Riesendarm in die Blechschalen, wo es sich in weich ondulierten Haufen türmt und mit einer klebrigen Streusel-Suppe übergossen wird. Die Bezeichnungen lesen sich wie Speisekarten in Autobahnraststätten: Prosecco-Ingwer-Cassis topped mit Cocos-Sanddorn-Pesto. Wichtig ist, dass keine Zutat alleine bleibt, so kann sich niemand beschweren, wenn die Brombeeren nicht nach Brombeeren schmecken, weil es sich ja um eine Melange handelt, wie sie manchmal beim Kühlschrankauswischen entsteht.

So mutieren die Urlaubsimporte, kaum dass sie angekommen sind. Nehmen Sie den Cappuccino. Er kostet bei uns das Doppelte wie in Italien und schmeckt bitter. War es vor Jahren noch eine Kunst, den Milchschaum herzustellen, hat nun deutscher Ehrgeiz gesiegt: Tassen groß wie Spülschüsseln, darin ein Schaumbad, dick wie die Wärmedämmung nach Energieeinsparverordnung. Da gibt es sicher einen Zusammenhang.

36. AUSGERASTET

Wenn wir mit dem Auto in Urlaub fahren, sind Autobahn-Raststätten unsere unvermeidlichen Zwischenhalte. Auf der Hinfahrt betritt man sie als Etappenstation, die auf Hotel oder Ferienwohnung, das neue temporäre Zuhause, vorbereitet, auf der Rückfahrt bilden sie die gebaute Annäherung von der fremden Umgebung zur eigenen Wohnung. Schon der Name Raststätte hat etwas Beruhigendes. Erstaunlich, dass der Begriff noch nicht durch ein englisches Wort ersetzt wurde. Raststätte: Da sieht man Bilder von Ludwig Richter, auf denen eine schlanke Maid einem erschöpften Wandersmann einen Krug Wasser reicht, man erinnert sich an biblische Passagen, an die Semantik von Labsal und Erquickung, die uns der Herr auf dem Weg ins Himmelreich bereitet. Aber wir wollten eigentlich nur aufs Klo und den Fahrerwechsel für einen Espresso nutzen.

Aber so einfach ist das nicht. Raststätten sind Reisekaufhäuser, die einem den Weg mit endlosen Angeboten sinnloser Dinge verstellen. Typisch: Eltern mit einem verschwitzten dicken Quengelkind, das in der Pause mit Pommes, Nutella und Cola sediert wird und sich beim Verlassen das Rucksäckchen mit Spielsachen voll stopfen darf. Eine Raststätte ist deshalb ein wunderbarer Ort, ein Mikrokosmos, um unsere vielgestaltige Welt auf kleinstem Raum kennen zu lernen.

Die Fernfahrer, die separat mit kräftigen Mahlzeiten verköstigt werden, als hätten sie ihren Lastzug unter körperlichem Einsatz herbewegt, die aufgeregten Paare, die das erste Mal zusammen in Urlaub fahren, oder die stillen, die routiniert die Routine ihres Zusammenlebens unterbrechen, dann die demütigen Reisegruppen aus China, die die hellblauen Sanifair-Toiletten fotografieren, die Cowboys in Fransenkluft, die hoffen, dass man ihre Kawa für eine Harley hält, und natürlich die Handelsvertreter vulgo Firmenrepräsentanten, die sich die Krawatte lockern, Papiere sortieren und ihr Handy befragen. Gehen sie zum Kunden, kommen sie vom Kunden? Haben sie erfolgreich abgeschlossen, oder kam doch wieder die Konkurrenz zum Zug? Die meisten fahren einen neuen Audi, das gilt als neutrales Indiz der Aufstiegsorientierung. Wir lauschen ihnen, ihren Texten, vergleichen sie mit den Aussagen vom Nachbartisch. Das ist unser privater Dax: Geschäftsklima verhalten optimistisch. Gut so, wenn alle arbeiten. Geht uns nichts an, wir fahren in Urlaub.

AUSGERASTET

37. CROWD-SOURCING

Wenn man in Urlaub fährt, egal ob nach Meran ode Malle, will man nicht unbedingt seine Nachbarn von zuhause treffen. Überhaupt sind andere Reisende eher lästig. Urlaub trägt den Nimbus des Privaten. Was nicht ausschließt, dass man mit Freunden verreist. Aber den Heerscharen weiterer Touristen will man lieber entgehen. Eher mitleidig schaut man auf die Pulks, die in Heidelberg oder Dinkelsbühl einem Fremdenführer folgen, der sich mit hoch erhobenem Knirps unübersehbar einen Weg durch die Fußgängerzone bahnt. Auch bei den Hundertschaften, die von Kreuzfahrtschiffen in historische Welterbestätten strömen und sofort von bettelnden Kindern verfolgt werden, mag man nicht dabei sein.

Reisegruppen sind eine Deklassierung. Es beginnt bei den Männern, die sich zum Vatertag auf eine bierselige Exkursion begeben, den unternehmungslustigen Frauen, die Junggesellinnenabschied feiern und unvorbereitete Mitreisende in Rollenspiele verwickeln. Eine Qual, ein Zugabteil zu durchqueren, in dem sich alle kennen und gutgelaunt und erwartungshungrig ihrem Urlaub entgegenfahren. Da gibt es keinen Unterschied zwischen den Ausflügen von Schulklassen und Altenheimen. Man ist immer der Außenseiter, der nichts versteht, nicht mittrinkt, nicht mitlachen kann.

Merkwürdig mutet es einen an, wenn in einem Lokal zum Essen ein Alleinunterhalter Stimmung macht. Was sogar gelingt, wenn er auf seiner Orgel die richtigen Melodien anstimmt und mit ein paar Dialektbrocken die Tische mit

Rheinländern, Schwaben und Hessen herausfordert, sich zu erkennen geben. Das Liedgut, in das dann in Bad Pyrmont, Meersburg oder Deidesheim eingestimmt wird, ist unzerstörbar. Bei Abba und Maffey haben viele nur mitgesummt, aber von Lili Marleen kennen die dauergewellten Damen alle Strophen. Wer hat ihnen nur die tränenselige Landserballade überliefert? Jetzt werden die Tische abgeräumt, der Orgler dreht auf, es wird getanzt. Die miteinander vertrauten Paare wissen, wie sie diagonal versetzt mit ihrer Leibesfülle zurecht kommen. Man gehört dazu oder nicht. Nur Sitzen, Gucken, Grinsen, das sehen sie nicht gerne, die deutschen Reisegruppen.

38. DOWNGRADE

Natürlich vergessen wir nicht, in welchen tollen Hotels wir schon einmal übernachtet haben. Vor allem die mit fünf Sternen, die man mit einer Firmeneinladung hat betreten dürfen oder sich als reduziertes Pauschalarrangement in der Sauren-Gurken-Zeit geleistet hat.

Viel einprägsamer sind aber die Zumutungen, die einem in schlechten Absteigen widerfahren sind. Meine ersten Hotelerlebnisse ohne Eltern fanden zu einer Zeit statt, als der so genannte Kuppelparagraph gerade abgeschafft worden war. Aber das wussten wir Studenten nicht. Auf jeden Fall rechneten wir damit, dass die Wirtin uns beim schüchternen Fragen nach einem preiswerten Doppelzimmer aus dem Haus jagte, weil sie sich nicht mit der Förderung von Unzucht strafbar machen wollte. Natürlich passierte das nie, deshalb war man dankbar und mit allem einverstanden. In Regensburg mit fetten Essensgerüchen, die einem auf dem Weg zur Flurtoilette entgegen schlugen, in Graz mit gurrenden, kackenden, federstiebenden Tauben vor dem Hinterhoffenster, in Straßburg mit einem ausrangierten Ehebett, bei dem einen die dünne Matratze auf den schlaffen Drahtmaschen beim Liegen in Sitzposition faltete.

In Amsterdam war die Kälte der größte Feind. Im Zimmer gab es einen Gaskamin mit Münzeinwurf. Seine Wärmeabgabe entsprach einem Adventskranz Anfang Dezember. Um Heizkosten im Restaurant zu sparen, stellte der Vermieter das spartanische Frühstück lieber jeden Morgen vor die Zimmertür. In Venedig quälten dagegen die Hitze und die Mücken. Das winzige Gelass ließ sich auch nur mit strenger Logistik bewohnen: Man konnte den Koffer öffnen, wenn man ihn auf das Bett legte. Bei Nacht sicherte das Gepäckstück zwar ganz gut die kaputte Tür, aber dann war der Weg ins Bad versperrt. Bei solchen Rollenspielen lernt man seine neue Freundin am besten kennen.

Wie fad war es da in New York. Es musste unbedingt das Paramount sein, wegen Philippe Starck. Für den gerade noch akzeptablen Preis erhielt man im ersten Stock ein Zimmer in Venedig-Größe. Auch gut. Aber dann stellte sich heraus, dass das Fenster nur zu einem kaminartigen finsteren Luftschacht führte. Auf Simshöhe lag der lärmende Auslass der Klimaanlage.

Es war das erste Mal, dass ich auf dem Rückflug wie ein Murmeltier geschlafen habe.

39. WIR FAHR'N, FAHR'N, FAHR'N MIT DER EISENBAHN...

Man kann das auch positiv sehen, das mit den ständigen Verspätungen der Deutschen Bahn. Wo sonst erhält man ohne Aufpreis eine längere Fahrzeit? Bei der Achterbahn oder dem Autoscooter auf dem Rummel ist uns das noch nie passiert. Wenn man die Leistungen der Bahn AG betriebswirtschaftlich betrachtet, kann man sagen, an Personal und verlässlicher Qualität wird gespart, dafür eine Wundertüte aus entbehrlichen Zugaben angeboten. Vermutlich folgt die Bahn einem FDP-nahen Unternehmensberater, der sie mit einem modernen Marketingkonzept in flüssigem Englisch zu einem National Carrier aufwerten möchte: Welcome the ICE to Frankfurt!

Der erste Teil unserer kurzen Städtereise verlief leidlich. Wir kamen allerdings sehr ins Schwitzen, weil die Klimatisierung ausgefallen war. Das hat die Bahn bedauert und Mineralwasser spendiert. Die spätere Weiterreise nach Köln war schon unangenehmer. Wir hatten auf einen Imbiss im

Speisewagen vertraut, aber der war komplett ausgefallen, was der Bahn abermals sehr Leid tat. Den Anschluss nach Aachen haben wir nur knapp verpasst, kein Vergleich zur Rückfahrt. Da erwischten wir immerhin noch einen Zug mit 120 Minuten Verspätung, in dem eine belgische Schulklasse ihre Plätze einzunehmen versuchte. Damit war der Waggon für 20 Minuten nicht passierbar, weil die Kinder den erschöpften Fahrgästen weder die fehlende Reservierung erklären, noch ihre riesigen Rollkoffer in die Gepäckablage hieven konnten. Außerdem wollten Marie neben Chantal und Pierre neben Dominique sitzen. Als wir nach einigem Handgemenge das Bistroabteil erreichten, trafen wir dort die drei mitreisenden Lehrkräfte schon bei einem Glas Rotwein. Die freundliche Dame hinter dem Tresen, wo gerade zwei vergessene Baguettes im Heißluftofen verbrannten, suchte für uns aus ihren Plastikkörben nach einer Alternative. Das Bier bekamen wir gratis, weil sich die Bahn nicht lumpen lässt, wenn sie zwei Stunden zu spät ist.

Die Fahrt am nächsten Tag stand unter einem günstigeren Stern, der Zug hatte nur 60 Minuten Verspätung, was einer Verbesserung von 50 Prozent entsprach. Damit fuhren praktisch zwei Züge zur selben Zeit nach München, das entlastete den Verkehr merklich. Neben uns saß ein erfahrener Bahnreisender, der wusste, dass er nun ein Viertel des Fahrpreises würde erstattet bekommen. Aber die Schaffnerin musste ihn enttäuschen. Er war nicht in den verspäteten, sondern in den regulären, parallel fahrenden Zug eingestiegen.

Damit war für die Bahn doch alles in Ordnung.

40. ABFAHREN

Eine der seltenen Gelegenheiten, bei der zwischen meiner Frau und mir eine gereizte Stimmung entstehen könnte, ist die Abreise in den Urlaub. Ich glaube, das hat etwas mit der besonderen Konstitution von Mann und Frau zu tun. Da gibt es anthropologisch Gegebenes und kulturell Gewordenes, was in solchen Stresssituationen zum Ausdruck kommt. Bei meinen Eltern war das alles patriarchalisch geregelt. Mein Vater rauchte und sah meiner Mutter beim Kofferpacken zu, da gab es nie Streit. Vermutlich dachte er, dass man die Wege und das Verstauen besser organisieren könnte, aber er überließ die Entscheidung über seine Urlaubsgarderobe generös seiner Frau und trug den vollen Koffer klaglos zum Auto.

So etwas wäre in modernen Ehen undenkbar. Heute wird erwogen, verhandelt, verworfen. Eine Unternehmensgründung ist ein Klacks gegen unsere Urlaubsvorbereitung. Da wir selten in Hotels wohnen, weil uns die Verbannung in ein Schlafzimmer mit Waschgelegenheit zu wenig komfortabel ist, buchen wir eine Ferienwohnung. Was man zur Grundausstattung seines Quartiers alles benötigt, haben wir bereits berichtet (No. 6, Fremde Zimmer). Das Problem ist, dass kein Mittelklassewagen solche Lasten aufnehmen kann. Als Architekt wünschte ich mir außerdem, dass es hübsche Behältnisse gäbe, sagen wir aus matt gebürstetem Aluminium, die sich im Kofferraum exakt und ohne Platzverlust wie ein Steckspiel zusammenfügen. Aber wir haben Taschen, Tüten, Trolleys, Rucksäcke, Kühltaschen, Kartons sowie jede Menge Kissen, Decken, Jacken und Badetücher, die als letztes auf den Rücksitz gehäuft werden. Ich muss jedes Mal an die armen Menschen denken, die in den Krisenregionen zu hunderttausenden fliehen müssen. Da wären wir rettungslos verloren, weil wir uns nicht entscheiden könnten, ob wir sicherheitshalber die kleine Gusseisenteekanne mitnehmen sollen. Schon aus dem Grund bin ich gegen jede Gewalt.

Die Nacht vor der Abreise ist immer kurz, ich rekapituliere meine fragilen Fremdsprachenkenntnisse, meine Frau sagt, wenn die Bluse im Bad nicht trocknet, kann ich sie nicht mitnehmen, außerdem müssen wir morgen erst zur Apotheke. Sobald sich unsere Wohnung zu leeren beginnt, spürt sie, dass jetzt der passende Moment für einen Großputz ist. Das schafft sie auch noch, während ich mich in der Reiseliteratur festlese und die ersten Zweifel an unserem vereinbarten Ziel äußere. Außerdem diskutieren wir, welches Ladegerät zu welchem Handy gehört, wer die Autopapiere verlegt und warum die Nachbarin sich wegen der Blumen nicht gemeldet hat.

Ein Wunder, wir kommen jedes Mal irgendwie los, fahren aber nach einigen Kilometern zurück, weil wir die Hirseflocken vergessen haben. Das war bei meinen Eltern schon so. Damals ging es immer ums Gas-Abstellen.

41. HOME, SWEET HOME

Ferienwohnungen muss man erst einwohnen. Sie gehört uns noch nicht, sagt meine Frau immer, wenn wir uns an den ersten Urlaubstagen in der fremden Umgebung ausbreiten. Meistens werden die Wohnungen von Samstag an wochenweise vermietet. Wenn man zeitig anreist, kann man noch auf die Hausbesorgerin treffen, die gerade das Bad wischt und den Teppich saugt. Komisch ist es dann schon, wenn man die nach Putzmitteln riechenden, noch feuchten Räume von den unbekannten Vormietern übernimmt.

Möchte man wissen, wer in der Nacht zuvor in den Betten gelegen hat? Ob die das Besteck auch gründlich mit heißem Wasser nachgespült haben? Sicher ist das einzelne grüne Weinglas von denen, weil sie eins zerschlagen haben. Und die Helene-Fischer-CD im Abspielgerät gehört ihnen sicher auch. Im Flur liegen Prospekte der umliegenden Lokale, in einem Buch steckt eine gestempelte Karte der Bergbahn. Vor dem Kaminofen stapeln sich alte Zeitungen, Darmstädter Echo von letzter Woche. Wer mag alles hier gewesen sein? Ob wir mit diesen Menschen die Wohnung gerne geteilt hätten?

Eine Ferienwohnung ist eine Schnittstelle zwischen Unbekannten. Jeder Gast lebt sich oberflächlich ein, nutzt die Behausung ein wenig ab und hinterlässt etwas von seiner Urlaubs-DNA. Das Gehäuse wird wie eine leere Stafette weitergegeben. Das könnte der Aufhänger für einen Roman sein. Vielleicht finden wir einen Lottoschein mit den richtigen Zahlen in der Küchenschublade, oder es liegt ein fertiges Manuskript im Nachttisch (Martin Suter: Lila, Lila!). Schlimmer: Ein Wahnsinniger hat Gift in den Salzstreuer gemischt, Rasierklingen zwischen die Bodendielen gesteckt, ein Stromkabel mit der Badewanne verbunden...

Bis jetzt ging es immer gut. Nach zwei Tagen hat man sich an den Geruch gewöhnt, an die biederen Möbel, den rutschenden Flickenteppich und an die Suppentassen mit Goldrand, die man nie kaufen würde. Nun überwiegt der Urlaub – und zerrinnt. Täglich. Wenn wir dann zum Aufbruch rüsten, hängen wir schon ein bisschen an unserem Feriendomizil. Es ist, wie einen bequemen Mietwagen, an den man sich gewöhnt hat, zurückzugeben.

Und komisch: Selbst für Rentner, auf die keine Arbeitgeberzumutungen und ein umtriebiges Büro warten, geht ein Urlaub spürbar zu Ende. Man kennt das deprimierende Gefühl noch von früher. So alt kann man gar nicht werden, um das zu vergessen.

42. SPRACHEN SIND HEUTE ALLES

Immer wieder wird von Lesern die Frage gestellt, ob das viele Reisen unser Leben nicht substanziell verändert hat, ob wir unsere Nachbarn in Südtirol, Holland und auf den Seychellen jetzt nicht besser verstehen? Außerdem kurbelten Reisen doch den Konsum an, wir verlangen jetzt auch Sushi in Wattenscheid und wissen, dass im Napa Valley Weine produziert werden und keine Handtaschen. Da ist sicher etwas dran. Man spürt unseren polyglotten Umgang schon an unserer Sprache. Ohne Englisch zum Beispiel können Sie heute kein Unternehmen mehr leiten. Hier hat die Entwicklung an zwei Enden begonnen. Von unten comitten sich die Vertreter in ihren meetings bei einem round table und vereinbaren die steps, da es ja nicht um peanuts geht und ihre Abteilung nicht länger die cashcow des Unternehmens sein kann. Von oben antwortet das Haus, indem es alle Bereiche und alle Mitarbeiter mit international geläufigen Begriffen auszeichnet. Das verlangt zunächst genaues Hinhören, wenn der Kollege Eberle vom sales sich in seinem Schwäbisch als key accounter vorstellt. Gemach, das sind Anfangsprobleme.

Französisch, immer noch die Sprache der Diplomaten, ist dagegen aus der Mode gekommen. Beim Reitsport, in Spielbanken oder in traditionellen Konditoreien und Parfümerien hört man bisweilen noch Nasales bei den Bestellungen. Spanisch konnte sich nicht durchsetzen. Diese zwischen Zunge und Lippen gelispelten Laute vermeidet man tunlichst, wenn man seine tapas bestellt.

vom sales«

Kommen wir zum Gewinner des Sprachimports. Eindeutig Italienisch! Es hat nichts mit Pisa zu tun, obwohl man bei der Bildungsbewertung ruhig auch mal an die ältere Generation denken sollte. Kein Architekt, Rechtsanwalt oder Apotheker, der nicht den unentbehrlichen Jargon des Prosecco-Gürtels beherrscht! Damit kann man zeigen, dass man dazugehört. Früher brauchte man einen Alfa, um die ragazze von nebenan zu beeindrucken. Heute bestellt man due cappucci! Dass die kellnernde Aushilfe das als zwei Cappuccinos weitergibt, ist Anlass zu einer tischübergreifenden Debatte. Hier lässt sich Boden gutmachen: Non ci credo, non è possibile!

cappucci!«

Ja, ich kann das bestätigen. Das Reisen hat unsere Kultur nachhaltig verändert. Es muss kein schlechtes Omen sein, dass sie an der Waldorfschule Russisch lehren.

cashcow

Sushi

43. CHILLOUT

Ist Urlaub eine Periode, ein Zustand, ein Ereignis, eine Tätigkeit? Will man ausspannen, sich erholen oder lieber etwas erleben? In den Bergen, am Meer, in der Wüste, in Eis und Schnee? Wo es topographisch oder meteorologisch nichts Auffallendes gibt, wurden zum Ausgleich räumlicher Disparitäten in großer Zahl Kurkliniken der Versicherungsträger errichtet, denken Sie an die früheren Zonenrandgebiete. Von solchen zähen Umgebungen hieß es, dass allein schon die Luftveränderung eine heilende Wirkung bringe.

Als unausrottbare Umschreibung zählt die Formel „seine Seele baumeln lassen“. Da würde uns interessieren, wie die christlichen Kirchen dazu stehen, wenn wir unser von Gott eingehauchtes Wesen sich selbst überlassen. Hat der Leib dann freie Bahn und darf allen Anfechtungen schadlos nachgeben, solange die Seele irgendwo herumhängt? Oder ist das sogar gefährlich, weil man nicht sicher sein kann, dass sie nach dem Gebaumel wieder verlässlich zu uns zurückfindet und sich nicht auf Nimmerwiedersehen – bereits ins Jenseits – verabschiedet? Muss man deshalb Mitreisende wie auf einen Toilettenfehler darauf aufmerksam machen: „Gnädige Frau, Ihre Seele baumelt wohl ein wenig“? Und ein galanter Eroberer, würde er diese Situation vielleicht sogar ausnutzen? Also nicht anbändeln, sondern anbaumeln und die eigene Seele im Gleichklang harmonisch mitschwingen zu lassen?

Angeblich hat sich Mitte der 1970er Jahre eine österreichische Touristikagentur bei Tucholsky bedient und diese unausrottbare Phrase geprägt. Inzwischen gehört sie in die Umgebung der esoterischen Erweckungslehren, zum Standard bei Schlammbädern, Zupfmassagen, Lichtarbeit und Ayurveda in der Beauty-Lounge ambitionierter Wellnesshotels.

Aber seien wir milde. Sprache ist verräterisch: Stramm stehen, sich am Riemen reißen, Arschbacken zusammenkneifen heißt es bei den Exerzitien des Militärs. Dort geht es um Disziplin und Haltung, um Unterordnung und Marschtritt. Da klingt diese schlappe Alternative doch wie eine Art pazifistische Wehrkraftzersetzung. Also gar nicht so unsympathisch.

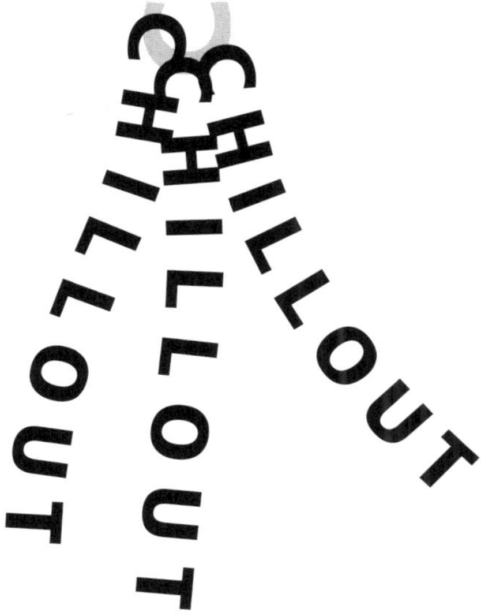

44. IM KINDERWAGEN

Wenn ich mit meinen Eltern in Urlaub gefahren bin, hatte ich immer einen alten Taschenkalender dabei. Darin zeichnete ich mit einem Bleistiftstummel oder einem klecksenden blauen Kugelschreiber amerikanische Straßenkreuzer, die uns gerade überholt hatten. Sie imponierten mit ihren Doppelscheinwerfern und Heckflossen, da kam unser Opel Kapitän einfach nicht mit. Sonst war ich mit dem Autofahren auf dem Rücksitz, bisweilen sogar vorne zwischen den Eltern auf der ungeteilten Polsterbank des Sechssitzers, ganz zufrieden. Es gab weder Sicherheitsgurte, noch Airbags, Nackenstützen oder gar einen Kindersitz.

Heute würde man sagen, das war doch kriminell! Aber nach dem Krieg, als man endlich aus Bunkern und Armeefahrzeugen herauskrabbeln konnte, war es schon ein großer Sicherheitsgewinn, dass man in seinem Fahrzeug nicht beschossen wurde.

Mein Vater chauffierte wie ein Kapitän, sein Auto hatte den Namen nicht umsonst bekommen. Unser Ziel hätten wir in einem alten Atlas mit den Grenzen von 1937 finden können. Aber diese Blöße gab sich Vater nicht. Er hatte in Erdkunde aufgepasst und würde doch noch den Vierwaldstättersee, Dannenfels oder Klosterreichenbach finden! Etwas Abenteuer war natürlich schon dabei. Das Auto wollte manchmal nicht anspringen, oder es konnte einen Platten geben. Dann hielt Vater einen Lastwagen an und bat den Fahrer, den kaputten Reifen zu wechseln. Dafür gab er ihm eine Schachtel Zigaretten und zwei Mark extra. Ein

Kapitän rührte doch kein Autowerkzeug an! Außerdem konnte das Benzin knapp werden, das Kühlwasser zu heiß, das Schiebedach klemmen. Mutter regte das alles sehr auf.

Heute ist das anders. Die Autos finden ihren Weg allein, sie sind wohltemperiert, mit orthopädischen, beheizten Sitzen ausgestattet, und statt eines knarzenden Röhrenradios mit Zerhacker begleitet uns Musik in höchster Wiedergabequalität, die bei Bedarf von Informationen über Straßenzustand, Wetter, Börse und Weltlage unterbrochen wird. Das Kind ist in einen überrolltauglichen Schalensitz geschnallt, der alle paar Jahre durch ein größeres, noch sichereres Modell ersetzt wird. Es kriegt Saft und Kräcker, rechtsdrehendes Müsli und glutenfreie Waffeln für die strapaziöse Reise. Außerdem ein Tablet und ein Smartphone, weil das mit den Kinderkassetten schon wieder vorbei ist. Die Eltern lesen Elternzeitschriften, um keine frühkindlichen Traumata durch eine Urlaubsreise zu riskieren. Eine Mutter regt das alles sehr auf.

45. FERNOST

Heute wollen wir einmal einen Perspektivwechsel vornehmen. Wir fahren ja nicht nur selbst in Ferien, es kommen natürlich auch Urlauber zu uns. In Herne und Hagen-Haspe kann man sich das nicht so richtig vorstellen, weil dort kaum Sommerfrischler oder Wintersportler gesichtet werden. Da handelt es sich bei dem gelegentlichen Fremdenverkehr eher um Verwandtenbesuch. Aber selbst das kann mit Reisefieber und Aufregung verbunden sein, wenn er mit der Deutschen Bahn ankommen sollte.

An unseren typischen Urlaubszielen fallen jedoch am ehesten Japaner auf. Es können inzwischen sogar Chinesen sein, das weiß man nicht so genau. Umgekehrt wüsste der Asiate ja auch nicht, ob ein Urlauber in seinem Land aus Fallingbostel oder Gramatneusiedl kommt. Dabei ist das doch ganz einfach zu erkennen.

Bleiben wir der Übersicht halber bei den Japanern. Es gibt sie nur in der Mehrzahl. Sie tragen dunkelblaue Nylonanoraks und sehen wie Schulklassen aus. Früher machten sie uns neidisch mit ihren Spiegelreflexkameras, die bei ihnen nix kosteten. Heute halten sie, kaum dass sie vor Neuschwanstein aus dem Bus gekrabbelt sind, zum Fotografieren ihre Tablets hoch wie früher die Hotelpagen ihre Tafeln, wenn sie jemanden ans Telefon holen sollten.

Viel Zeit haben sie nicht. Das liegt daran, dass in Japan Urlaub eigentlich ungehörig ist. Man schenkt die drei, vier Tage im Jahr lieber seinem Arbeitgeber. Deshalb darf eine ausnahmsweise gebuchte Europareise auch nicht länger als eine Woche dauern. Überhaupt wird in Japan viel energischer gearbeitet als bei uns. Deutsche Architekten, die dort in bekannten Büros beschäftigt waren, berichteten begeistert, dass einhundert Stunden in der Woche gang und gäbe seien. Man macht dann zwangsläufig alles gemeinsam, also arbeiten, essen, im Internet surfen, am Zeichentisch schlafen. So kriegt der Gastarbeiter hautnah die japanische Kultur mit und kann später daheim was erzählen. Was es sonst im Land zu sehen gibt, erfährt man, wenn man täglich zusammen zwei Stunden mit dem Hochgeschwindigkeitszug ins Büro oder in sein Kapsel-Apartment fährt. So was können sich die Verwandten in Herne und Hagen-Haspe überhaupt nicht vorstellen.

ÜBER

46. ÜBER DEN WOLKEN

Menschen mit Flugangst sind die Hypochonder unter den Urlaubern. Zwecklos, ihnen zu erklären, dass es nach der Rolltreppe kein sichereres Fortbewegungsmittel gibt als ein Verkehrsflugzeug. Die Wahrscheinlichkeit, bei einem Flugzeugabsturz Schaden zu nehmen, ist so groß, wie beim Lotto den Jackpot zu knacken. Das allerdings versuchen jede Woche ca. 21 Millionen Menschen. Ob gerade sie das Risiko, steinreich zu werden, so hoch wie einen tödlichen Unfall einschätzen, dieser Zusammenhang wurde noch nicht ermittelt. Vielleicht handelt es sich um die nämliche Klientel, die ihre Flugangst und die Aussicht auf Lottomillionen in einer stabilen statistischen Balance halten.

Der Hypochonder, an den wir eingangs dachten, lässt sich jedenfalls bei einem Arztbesuch nicht damit beruhigen, dass seine Untersuchung keinerlei bösartige Erkrankung gezeigt habe, er vielmehr über eine so genannte eiserne Gesundheit verfüge. Falls der skeptische Patient nicht ohnehin an der ärztlichen Heilkunst zweifelt und sich an eine Zeitungsnotiz über versteckte Nebenformen einer Krankheit mit ganz ähnlichen Symptomen erinnert, wird er nur wenig beruhigt die Praxis verlassen.

DEN WOLKEN

Denn was heißt das schon: heute gesund? Das mag ja durchaus zutreffen, schön, wenn der Doktor mit einem scheinbaren Erfolg nach Hause gehen kann. Aber was ist morgen, was ist mit rasend schnell wachsenden Tumoren, überfallartig eintretenden Infektionen, mit Schlangenbissen, Insektenstichen, Giftpilzen, Salmonellen, Trichinen, Sonnenbrand, häh? An Geisterfahrer und Flugzeugabstürze mag man da noch gar nicht denken.

Im Flieger wird man ja ständig an die unglaubwürdige Beherrschung physikalischer Gesetze erinnert. Fliegen! Das heißt Gott versuchen. Und sagen Sie einmal einem Angsthasen, dass gerade ihm ganz bestimmt nichts passiert. Wie viele Menschen mit Flugangst sind schon abgestürzt?! Flugangst ist keine Versicherung gegen Unfälle. Vor einigen Jahren, als im Flieger noch geraucht werden durfte, versprach sich eine Stewardess bei ihrer Routineansage: „Wir bitten Sie, jetzt die Tische hochzuklappen, die Sitzgurte zu schließen und das Landen einzustellen. In wenigen Minuten werden wir auf dem Flughafen in Stuttgart rauchen." Die meisten haben gelacht. Bis auf die Hypochonder.

47. ZIELFINDUNG

Viele Erfindungen gehen auf militärische Entwicklungen zurück, beispielweise unsere präzise Zeitmessung, mit der es möglich wurde, den Kurs von Kriegsschiffen genauer zu bestimmen. Auch in anderen Bereichen profitieren wir von Abfallprodukten. Der Rückspiegel etwa ist eine Leistung des Autorennsports, und der Raumfahrt verdanken wir die Teflonpfanne. Hier sieht man, dass Milliardeninvestitionen, die man seinen Enkeln nur schwer erklären kann, irgendwann einen höheren Sinn erhalten.

Heute wollen wir an das GPS erinnern, ohne das wir nicht mehr verreisen können. Es stammt aus dem US-Pentagon. Deshalb irren die Russen so blöd in der Ukraine herum, weil ihre Panzer es nicht benutzen dürfen. Für uns Zivilisten gilt: Lieber ein Auto ohne Reserverad als ohne Navi! Die ersten Geräte waren noch umständlich zu bedienen, man musste irgendwo eine DVD hineinschieben und mit einem Stellrädchen das Alphabet nach seinem Reiseziel durchkämmen. An den Landesgrenzen begann der Blindflug, wenn man die passende Datenscheibe nicht dabei hatte. Inzwischen ist die Handhabung erschreckend komfortabel. Man tippt auf einer simulierten Tastatur sein Reiseziel ein, und das Gerät erinnert sich sogar an frühere Exkursionen und schickt einen ohne Umwege zu Tante Kätchen. Es verrät romantische Nebenstrecken, Staus und Geschwindigkeitsbeschränkungen. Man weiß die Ankunftszeit und kann versuchen, sie zu unterbieten. Allerdings besteht die Gefahr, sich zu sehr auf die Wegweisungen aus dem Apparat zu verlassen. Wenn „Lisa" befiehlt: Biegen Sie links ab!, muss man trotzdem auf eine rote Ampel oder entgegenkommenden Verkehr achten. Schön ist, dass Lisa nie ungeduldig wird, wenn man die Route eigenmächtig ändert. Doch wünschte man sich eigentlich eine persönlichere Ansprache, ein Zwiegespräch und etwas Verhandlungsbereitschaft. Sie kennt uns doch inzwischen!

Wie das alles funktioniert, verstehen wir nicht. Wenn nur wir einem Funksignal folgen würden – aber es sind doch Millionen Menschen, die gleichzeitig mit uns verortet werden! Nicht auszuschließen, dass diese Informationen längst irgendwo verwertet werden. Ein GPS ist ja inzwischen in allen elektrischen Geräten eingebaut, in Kameras, Fernsehgeräten, Espressomaschinen und Wäschetrocknern. Es ist eine Vertrauenssache, die unser Leben verändert. Kürzlich waren Freunde von uns in die Bretagne gefahren. Vorbei an Reims, Versailles, Nantes. Gesehen haben sie nichts davon. Das Navi hat sie eilig durchgeschleust. Pausiert haben sie in Fernfahrerrasthöfen. Aber auf der Zielgeraden Lisa um vier Minuten überholt!

48. HOLLAND IN NOT

Neben den Japanern haben wir lange Zeit die Amerikaner als maßgebende Touristen bewundert. Bermuda-Shorts, Ray-Ban-Brillen und Turnschuhe – man war sich nie sicher, ob das nicht die GIs aus Kaiserslautern waren, die nur einen Wochenendausflug machten. Aber seit die Army abgezogen ist, werden auch die zivilen Amis an den touristischen Wallfahrtsstätten weniger.

Hier leistete nun die Völkerverständigung vollwertigen Ersatz. Der Amerikaner der Neuzeit ist der Holländer. Keine Ferien, in denen man nicht rudelweise Fahrzeuge mit gelben Nummernschildern vor sich auf der Autobahn hat. Berüchtigt sind die Wohnmobile und -wagen, in denen sie ihren Hausrat bis in entlegene Bergdörfer nach Ligurien mit sich schleppen. Das sind Momente, in denen ich Dobrindts Maut eine gewisse Sympathie entgegenbringe. Denn verdienen lässt sich mit den holländischen Wagenlenkern nichts. Sie haben alles dabei, Weißbrot und Rosinenbrötchen, weil sie unser gesundes Roggenschrotbrot nicht beißen können, ihren pelzigen Kaffee, Salatgurken und Tomaten, Gouda, Frikandellen, Hopjesvla, Eierlikör und Tulpenzwiebeln. Und jeden Morgen liegen ein paar Dutzend Heineken-Bierdosen in den Müllkörben.

Ein Grund für den regelmäßig geprobten Exodus der Niederländer ist natürlich der Klimawandel. Wenn sich das Ijsselmeer das provisorische Festland zurückholt, wird es eng bei unseren Nachbarn. Natürlich wollen sie nicht von Horst Seehofers Asylanten-Miliz gleich im ersten Durchgangslager zurückgewiesen werden. Also sorgen sie vor und bleiben ambulant. Hinzu kommt, dass sie als alte Seefahrernation eine gewisse Neugier und Unruhe in sich spüren. Zwar sind sie vor allem im Eislauf erfahren – wir erinnern an das traditionelle 200-Kilometer-Rennen, das mangels Frost leider ständig ausfällt –, aber sie trauen sich auch an alle anderen Wintersportarten. Leider werden auf den Pisten noch keine gelben Warnschilder ausgegeben. Also Vorsicht, wenn Ihnen eine lärmende Horde entgegenrutscht, die ihre Holz-Klompen als Carvingski testet!

49. FAHRBERICHT

Wenn man nicht selbst über eine luxuriöse Reiselimousine verfügt, ist die Benutzung eines Mietwagens eine Belohnung. Wer oft damit unterwegs ist, kennt sich aus. Zwar achten Arbeitgeber peinlich darauf, dass man das Budget nicht mit fünf Euro zu viel strapaziert, aber die Damen bei den Verleihern wissen doch längst: Der kommt wieder, wenn wir ihm einen BMW statt einen Mitsubishi geben. Ein Upgrade gehört zum Marketing.

Das kann einen aber auch in Verlegenheit bringen, wenn das Luxusgefährt Lichtjahre vom Standard des eigenen Autos entfernt ist: eine Automatik-Limousine mit sieben Gängen, Multifunktionslenkrad und einem Regler für das Infotainment auf der Armlehne – komplizierter waren Flugzeuge früher auch nicht. In Bewegung setzt man das Fahrzeug noch mit seinem Basiswissen, nur Helene Fischer aus der rätselhaften Audioanlage stört. Nach fünfzig Metern zeigt ein Symbol, dass die Fahrertür nicht richtig verriegelt ist. Als man sie öffnet, schaltet sich das Auto vollständig aus und lässt sich erst wieder in Bewegung setzen, nachdem Tür, Bremse, Zündung und Fahrwahlhebel in der richtigen Reihenfolge betätigt wurden. Der Hintermann unterstützt den Neustart mit energischem Hupen.

Am Armaturenbrett leuchten jetzt Dioden in allen Farben. Es wird doch nichts kaputt sein? Vor allem das Navi bleibt rätselhaft, wenigstens ließ sich Helene Fischer beruhigen. Wir fahren auf einen Rastplatz und suchen nach der Bedienungsanleitung. Sie besteht aus vier Büchern, Band 1 umfasst 396 Seiten. Dagegen ist Guttenbergs Dissertation ein Dreck. Später auf der Autobahn programmieren wir beim Verändern des Kartenbilds versehentlich ein Zwischenziel, was die Route um 120 Kilometer verlängert. Nach zwei weiteren Stopps beherrschen wir die Navigation, akzeptieren auch das blendende Display – nur nichts mehr verstellen! Warum beschleunigt das Auto jedoch so enttäuschend?

Am zweiten Tag entdecken wir neben den vielen Tasten und Hebeln zwei Wippen unterm Lenkrad, damit lässt sich die Drehzahl regeln. Damit kann man das träge Eco-Gefährt flott schalten. Andere Menüpunkte bleiben indes kryptisch. Nach drei Tagen jedoch kennen wir uns ganz gut. Erstaunlich, so ein modernes Auto bietet Dinge, die man bisher gar nicht entbehrt hat. Das nächste Mal werden wir noch den Parkassistenten ausprobieren. Als wir das Fahrzeug am Ende der Reise zurückgeben, tut es uns Leid. Wir haben uns so an den Komfort gewöhnt. Wir steigen in unser eigenes fremdes Auto und haben vergessen, wie man es fährt. Es kommt an der Ampel ruckartig zum Stehen. Der Hintermann hupt.

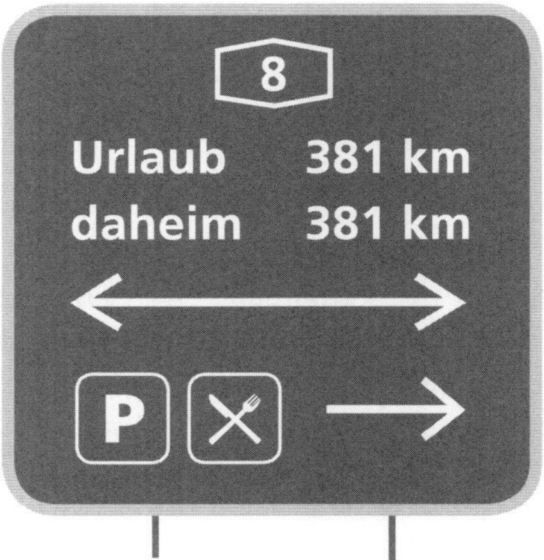

50. URLAUBSREIFE

Als Angestellter mit tariflich festgelegtem Jahresurlaub kann man die Höhen und Tiefen, die man als Ferienreisender auskostet, an jedem Autobahn-Parkplatz gleichzeitig erleben. Wir sitzen auf der Terrasse der Raststätte Bad Hersfeld, der Kellner verteilt kostenlos Insider-Tipps über die schnellsten Routen durch die Verkehrsfront nach Süden. Unten steuern Wagenlenker mit pfadfinderischem Talent die wenigen schattigen Fleckchen an. Wir sehen:

Eine junge Frau, sonnenverbrannt, noch meerwasserverklebte Haare, schimpft genervt ihre Kinder, die irgendwo in der heißen Unordnung des mit Surfbrettern und Fahrrädern beschnallten, lehmverspritzten Campingbusses zetern: Urlaub hinter sich. Ein Vater mit Shorts und weißen Bäckerbeinen läuft nochmals argwöhnisch um den gewienerten Opel mit dem neuen Navi herum, Mutter nimmt rasch von der lichter werdenden Dauerwelle das Taschentuch, das sie als Sonnenschutz improvisiert hatte:

Urlaub vor sich. Ein altersloses bronzebraunes Paar am Nebentisch, das schweigend seine Koteletts schneidet und sich anzusehen vermeidet: Urlaub hinter sich und Haussegen schief, siehe da! Ein ergrauter Mittfünfziger samt gepflegter Gattin, beide im dezenten Karo, entsteigen ihrem klimatisierten Gelände-Benz, bei dem das ganze Gepäck unauffällig in den Kofferraum passt und der sie diskret und zuverlässig wie jeden Tag transportiert: Urlaub, hm? Und das junge Paar in bunten Baumwollfetzen, der fast gleichaltrige Fiat hielt durch, beide warm und braun und verliebt und-heute-abend-mach'-ich-dir-Spaghetti-wie-in-Italien: Urlaub! Urlaub!

Im Schatten, etwas abseits, haben indes zwei Herren in ungefütterten Sommeranzügen Platz genommen. Beide stellen einen kleinen Koffer neben sich, in dem weder Taucherbrille noch Tennisschläger Platz hätten. Sie entnehmen ihm gleichzeitig je einen in Leder gebundenen dicken Kalender und ihrem knitterfreien Sakko einen Kugelschreiber mit Großraummine, dazu ein Handy. Zwei Tonic, ordert der ältere nach kurzem Blick auf seinen jüngeren Begleiter, der bereits seinen Besuchsbericht referiert. Der Senior blickt sich um, sieht uns, vom Erwerbsleben kurzzeitig Ausgemusterte, und schlägt mit gequältem Lächeln vor, sich gemeinsam der Jacketts zu entledigen. Hemdsärmelig, mit gelockerter Krawatte, stürzen sie hastig ihre kalte Limonade hinunter und lassen für einen Moment die Bilder von uns nutzlos in den Urlaub Hin- oder Herreisenden im wässrig werdenden Blick ertrinken ... "Schreibst'n da?" fragt mein Enkel, sich von der Vanillekugel zum Walnusseis grabend. ,,Eine Glosse über die ephemere Glückseligkeit des Urlaubs." ,,Im Urlaub?"

URLAUBSARCHITEKTUR – Selection 2015. Die schönsten Ferienhäuser zum Mieten

Das neue Urlaubsarchitektur-Buch präsentiert erstmals in der Edition Urlaubsarchitektur neben Essays von Niklas Maak, Gottfried Müller und Frank Kaltenbach 41 ungewöhnliche Häuser: Neuinterpretationen der Berghütte, urbane Traumhäuser, spektakuläre Unterkünfte am Meer u.v.m..

Jan Hamer / Christiane Pfau:
Verlag: Edition URLAUBSARCHITEKTUR, 2015
Zweisprachig Deutsch/Englisch
190 Seiten, zahlreiche Abbildungen
23 x 24 cm, Klappenbroschur
€ [D] 24,95
ISBN: 978-3-00-047716-4

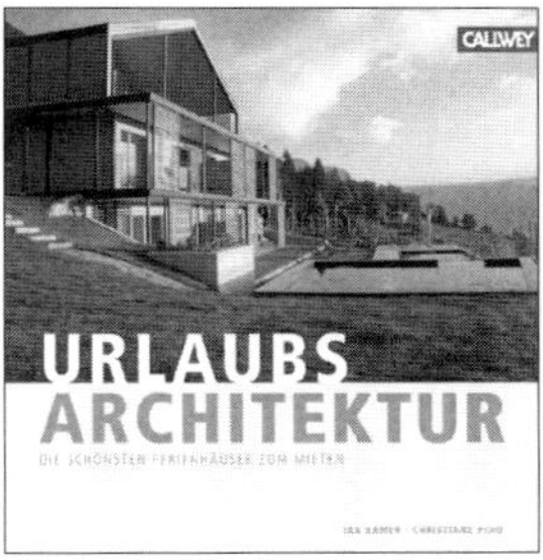

URLAUBSARCHITEKTUR – Die schönsten Ferienhäuser zum Mieten

„urlaubsarchitektur.de" ist nicht nur eine Schatzkiste für architekturinteressierte Urlauber. Architekten und Bauherren finden hier Inspirationen. Eine Siedlung aus Baumhäusern, eine romantische Burg in Südtirol, einen modernen Pfahlbau mit schwimmender Badewanne oder doch lieber das Landhaus im Périgord?

Jan Hamer / Christiane Pfau:
Callwey Verlag, 2013
Zweisprachig Deutsch/Englisch
192 Seiten, zahlreiche Abbildungen
23 x 24 cm, Klappenbroschur
€ [D] 29,95
ISBN: 978-3-7667-2031-3

www.urlaubsarchitektur.de – www.holidayarchitecture.com